起床後的黃金1小時

My Morning Routine

How Successful People Start Every Day Inspired

揭開64位成功人士培養高效率的祕密時光，
從他們的創意晨型活動中，
建立屬於自己的高生產力、高抗壓生活習慣

Benjamin Spall　Michael Xander

班傑明・史鮑、麥可・桑德 ——————著　郭庭瑄 ——————譯

企畫叢書　FP2277

起床後的黃金1小時：
揭開64位成功人士培養高效率的祕密時光，從他們的創意晨型活動中，建立屬於自己的高生產力、高抗壓生活習慣

作　　者　班傑明・史鮑（Benjamin Spall）、麥可・桑德（Michael Xander）
插圖繪者　麗茲・佛斯林（Liz Fosslien）
譯　　者　郭庭瑄
編輯總監　劉麗真
責任編輯　許舒涵
行銷企畫　陳彩玉　林詩玟

發 行 人　何飛鵬
出　　版　臉譜出版
城邦文化事業股份有限公司
台北市民生東路二段141號5樓
電話：886-2-25007696　傳真：886-2-25001952
發　　行　英屬蓋曼群島商家庭傳媒股份有限公司城邦分公司
台北市中山區民生東路二段141號11樓
讀者服務專線：02-25007718；25007719
24小時傳真專線：02-25001990；25001991
服務時間：週一至週五09:30-12:00；13:30-17:00
劃撥帳號：19863813　戶名：書虫股份有限公司
讀者服務信箱：service@readingclub.com.tw
城邦網址：http://www.cite.com.tw
香港發行所　城邦（香港）出版集團有限公司
香港九龍土瓜灣土瓜灣道86號順聯工業大廈6樓A室
電話：852-25086231或25086217　傳真：852-25789337
馬新發行所　城邦（馬新）出版集團
Cite（M）Sdn. Bhd.（458372U）
41-3, Jalan Radin Anum, Bandar Baru Sri Petaling,
57000 Kuala Lumpur, Malaysia.
電話：+6(03)-90563833　傳真：+6(03)-90576622
讀者服務信箱：services@cite.my

一版一刷　2019年7月
一版44刷　2024年3月

城邦讀書花園
www.cite.com.tw

ISBN 978-986-235-761-3

售價：NT$ 360

國家圖書館出版品預行編目資料

起床後的黃金1小時：揭開64位成功人士培養高效率的祕密時光，從他們的創意晨型活動中，建立屬於自己的高生產力、高抗壓生活習慣／班傑明・史鮑（Benjamin Spall）、麥可・桑德（Michael Xander）著；郭庭瑄譯. -- 一版. -- 臺北市：臉譜，城邦文化出版；家庭傳媒城邦分公司發行, 2019.07
328面；14.8X21公分. --（企畫叢書；FP2277）
譯自： My morning routine : how successful people start every day inspired
ISBN 978-986-235-761-3（平裝）
1.成功法　2.習慣
177.2　108009371

獻給奧德拉（Audra）

妳是我每天早上起床的理由。

——班傑明

獻給我親愛的家人。

——麥可

目次

第三章 晨間運動

第四章　晨間冥想

第五章　夜間習慣

第六章　睡眠習慣

序言

你有沒有過早上八點慌慌張張地起床，睡眼惺忪，時間緊迫到只能匆匆喝杯咖啡、換上衣服就出門的經驗？你有沒有看著那些卓越的成功人士暗自心想：「他們到底做了什麼我沒做的事？我要如何才能像他們一樣好好掌控自己的生活？」

我們成年後（麥可住在柏林，班傑明則住在倫敦）的晨間模式多半是這樣：一起床就直接看手機、電子郵件和一夜之間冒出來的各種通知，看到難以自拔，然後再急忙衝出門去上班。這種欠缺思考、盲目行事的早晨背後隱藏著潛在的壓力，導致接下來的工作時段不僅充滿情緒波動、效率低落，做事也雜亂無章。漫長的一天過後，我們只覺得精疲力盡，毫無成就感，同時希望自己明天不會再重複一樣的過程。聽起來很熟悉吧？

運用晨間時光的方式會大大影響接下來一整天的生活。早上起床後第一個小時內做的選擇會決定我們當天做事的效率、能否擁有內心的平靜，或是擾亂我們的思緒。可惜的是，對大多數人來說，美好的一天不是偶然，因為有很多意外會突然蹦出來挑戰我們的最佳計畫。如果沒有一大早就保持冷靜、好好運用內在的能量和專注力，那就只能跟機會擦身而過，但只要有意識、有目的性地利用早晨時光，接下來一整天就能在這些優勢的「加持」下創造出屬於自己的勝利。

「我可以在起床後幾個小時內，也就是早上一個人在辦公室、完全沒有干擾的時候，寫出比接下來十二個小時還要多的東西。」

——尼克・比爾頓（Nick Bilton），作家、記者

自五年前「我的晨型人生」（My Morning Routine）網站上線以來，我們已經採訪了上百位來自世界各地的成功人士，請他們分享自己的晨間習慣，並從中獲取資訊及相關數據。我們很快就注意到有越來越多人對這個概念感興趣，開始意識到比起匆忙度過短暫又寶貴的早晨時光，還有更好的方法能展開新的一天。在深入採訪的過程中，我們發現這些世界上最傑出、最聰明的受訪者幾乎全都好好把握、徹底掌控了早上這段時間。這絕對不是巧合！

除了超過三百個採訪檔案（數量持續增加中）所歸納出來的集體智慧外，本書還囊括了包含美軍退休四星上將史丹利・麥克里斯托將軍（Stanley McChrystal）、奧運三金得主蕾貝卡・索尼（Rebecca Soni）、皮克斯（Pixar）動畫工作室與迪士尼（Walt Disney Animation）動畫工作室總裁艾德・卡特姆（Ed Catmull），以及日本整理諮詢顧問與改變人生的整理專家近藤麻里惠等六十四位成功人士的晨活經驗分享，並點出這些習慣間令人驚訝的相似性與充滿創意的個人即興發揮。

有些訴求的是晨間鍛鍊與簡樸的清苦生活，有些則是偏向悠閒、寵愛自己的慢活思維。本書提供了從睡眠模式、日常飲食、電子產品使用到運動習慣等各式各樣可能的生活實踐術，讓你能在家嘗試，自己做做看。

為什麼要培養晨間習慣？

本書的重點不在於「展開新的一天唯一正確的不二法門」，而是希望你能在養成一套真正對自己有幫助的晨間習慣前大膽實驗、多方嘗試。就算你不是晨型人，就算你是家裡有小小孩的爸媽，或是擁有一份條件嚴苛、必須在破曉時分起床的全職工作者，都還是能打造出最適合的晨間習慣，讓自己在生理、心理及健康上徹底清醒，保持警覺，準備迎接美好的一天。

我們每天做的這些小事不但會影響自我成長，也會形塑我們的生活樣貌，決定我們成為什麼樣的人。「披頭四」（The Beatles）主唱約翰．藍儂（John Lennon）曾說：「當你汲汲營營於擘畫人生時，那些偶然發生的一切才是真實人生。」一個人的特質，往往是那些無意識行為所建構出來的，而那都始於我們的晨間習慣。

事實上，如果沒有計畫地運用早晨時光，就很難擁有順遂美好的一天。早上這段時間就像一張白紙，是個重新開始的好機會。就算起床後第一件事只是去浴室，這個單純的小動作也會帶出環環相扣的行為，成為一連串習慣的開始。早上醒來後走進浴室，接著開始刷牙，刷完牙又換上運動服、坐下來冥想，或是拿水壺燒水，泡一杯喜歡的茶或咖啡。這些層層堆砌的習慣就像疊疊樂一樣，底下的基座穩了，上面的才會穩。一起床就看手機可能會降低接下來的行動效率；除此之外，由於一整天累積下來的壓力會磨損我們的意志力，因此下午這段時間也很難讓人從零開始，形成一套良好的生活習慣。通常我們在早上比較沒那麼消極，因為當下還沒經歷整天不斷做決定的過程，所以思緒相對來說更清晰，對晨間活動的態度也會更積極。

無論你是美國《財星》（*Fortune*）全球五百大企業公司董事長（美國先鋒集團董事長的晨間習慣請看第二章）、新興媒體帝國的領導人（第三章）、人氣長紅的漫畫創作者（第六章）或是其他身分，擁有一套積極、正面、專注又冷靜的晨間習慣能幫助你翻轉情勢，達成自己的目標。

「找出一套對自己有幫助的習慣。不要覺得有壓力，也不要用別人的標準來調整自己的晨間模式。保持彈性，知道什麼時候該為了自己做出改變，讓事情盡量簡單一點。」

——沙卡．桑戈爾（Shaka Senghor），司法改革運動領導者

你的晨間習慣一定會、也應該要隨著不同的人生階段有所調整。讀完本書後，你就能掌握這些轉變，並審慎思考自身習慣，讓行為符合個人改變的優先順序與深層價值。我們不僅會教你打造出基礎的晨間習慣，還會提供各式各樣的想法和靈感，讓你了解該隨時增加或刪減哪些習慣。

假如你起床後做的第一件事都差不多，就表示你已經養成了一套晨間習慣，不管你有沒有意識到都一樣（大多數人都是無意識地起床、滑手機、開冰箱，然後去上班）。這就是你一天的起點。現在我們來創造一些更積極、更正面、對你更有幫助的習慣吧！

可是我從來都不是早睡早起的晨型人耶

最近我們在受訪時被問到是不是「一定」要變成早睡早起的晨型人才能在專業上有所成就、生活才會更快樂？我們的答案是：當然不是！這是最常見的錯誤觀念，也是對晨間習慣常有的迷思。

「比起幾點上床睡覺，我更在乎自己睡了幾個小時。」

——瑞秋・賓克斯（Rachel Binx），資料視覺化專家

無論你是早睡早起的晨型人，還是晚睡晚起的夜貓族（或是中間分子），你的「早晨」只會在起床後才開始，可能是清晨六點、或是傍晚六點；不管幾點，你都會遇上起床後的第一個小時，這段時間就是醞釀期，為你接下來一整天的生活做準備，但並不代表你一定要早起，而是你應該運用這段時間做對自己來說最重要的事。

如果你結了婚或是有交往對象，你們雙方也有可能一個是晨型人，一個是夜貓族。班傑明的太太就是夜貓族，他很快就意識到「早晨」並不是一體適用的概念，只因為他自己早上清醒得很（而且晚上只要過了十點眼皮就撐不住了），不代表他太太也是。雖然有個想睡的太太跟有個想睡的寶寶完全不一樣，但兩者確實都會打亂他的晨間習慣。假如你正面臨這種情況，請敞開心胸，擁抱差異（然後翻到第十章看看相關的經驗和小祕訣）吧。

這本書要怎麼讀呢？

接下來我們會按照主題分類，每個章節都會分享同類型的晨間習慣，並聚焦在與該主題習慣養成有關（或有所幫助）的部分。我們不但會教你怎麼在習慣中加入運動、冥想及溫和的自我關愛儀式等元素，還會告訴你如何在身為父母的情況下調整自身習慣、滿足孩子的需求，以及長期堅持、實踐晨間習慣的方法。

雖然每一章分享的習慣都有特定的主題，但也能各自當成獨立的訪談文章來閱讀。你可以隨意翻開一頁進入，也可以從書中挑選感興趣的人物來讀；如果想了解各章較為詳盡的結論概述，請瀏覽每一章最後面的「換你做做看」，裡面有許多實用的建議和小祕訣，不妨嘗試一下，將這些技巧融入自己的晨間習慣。

我們是用正面的眼光來看待「習慣」這個詞。對我們來說，晨間習慣並不是一連串單調乏味、每天早上硬逼自己做的無聊步驟，相反的，晨間習慣的重複特質不僅能撫慰人心，還有提醒的功能，讓你記得自己真正想做的事。

> 「當你計畫、養成一套晨間習慣時，要明白這麼做是為了你自己好，不是為了達到某個陌生人對生產力的標準。」
>
> ——安娜・瑪麗・考克斯（Ana Marie Cox），政論專欄作家、文化評論家

本書主要透過訪談各領域人物的方式分享他們的晨間習慣，但你不必完整複製某一套特定的模式。你可以利用書中的內容找靈感（我們經常在自己發布於網站上的晨間習慣中挖掘出許多值得一試的新事物），打造出屬於自己的晨間習慣。我們鼓勵你盡量靠自己的力量發展出合適的習慣，明白最終的目標不是習慣本身，而是習慣為生活所帶來的快樂與高生產力。記住，習慣是幫助你的工具，不是箝制你的枷鎖。

我們希望你能把這本既是使用說明、也是他人日記的書當成學習手冊，了解如何創造出一套積極、正面、專注又冷靜的晨間習慣（並繼續堅持下去），也希望你能把這本書當成啟發靈感、激勵人心的輕鬆小品。你可以透過這些訪談故事窺見一天之中最私密、最美好的時光，這些細碎的片刻不僅堆疊出我們的生活模式，也拼湊出我們最真實的樣子。

那就開始吧！

第一章
起床大作戰

脫離被窩，實踐晨活的第一步

有了狗狗，誰還需要鬧鐘？

早上起床可能是你人生中最討厭的事，但很不幸，這也是展開晨間習慣至關重要、不可或缺的一環。

除了震耳欲聾的火災警報和麻煩的室友外，總還有些東西，例如固定的晨間習慣能讓你迫不及待地清醒。也就是說，有時我們需要一點動力才能跨出第一步（具體來說是跨出床鋪），讓自己全然甦醒，展開早晨時光。

這一章我們要看看美國麻省理工校長里歐．拉斐爾．萊夫（Leo Rafael Reif）是怎麼運用起床後的黃金時段；伊斯蘭教齋戒月（Ramadan）是如何影響美國穆斯林促進會（American Society for Muslim Advancement, ASMA）執行董事黛西．克罕（Daisy Khan）的早晨，為她帶來劇烈的改變；經濟學家與作家泰勒．柯文（Tyler Cowen）對早餐（有人要來點煙燻鱒魚和起司嗎？）的獨特品味，以及其他人的經驗分享。

不急著追求變化的「習慣性動物」

卡洛琳・保羅（Caroline Paul）
前消防員、《遺失一隻貓》（*Lost Cat*）作者

你有哪些晨間習慣？

我會根據上床睡覺的時間把鬧鐘設在早上六點到六點半之間。我需要睡眠，但更需要早起，不然我會覺得一整天都毀了。

起床後我會煮咖啡，餵那些到處走來走去的寵物，抓兩根高蛋白能量棒，然後坐下來閱讀。不是看報紙喔，雖然我很常瞄一下新聞標題啦，但我看的是百分之百、真到不能再真的書，如果手邊剛好沒有書，我會勉強拿《紐約客》（*New Yorker*）雜誌來代替。這是我的神聖時刻，因為閱讀一直是我生活中的一部分，平常很難挪出時間好好看書，而且身為一個作家，閱讀也是我工作中非常重要的一環。早上這段時間，我的伴侶溫蒂還沒醒，狗狗也跑回床上睡回籠覺，還有一隻貓會跑出去，所以家裡只剩兩個傢伙要應付，一個是另一隻貓，牠會蜷縮在我的大腿上，另一個則是我腦中漫遊的思緒。我們會靜靜坐在那裡直到屋內開始騷動、活過來為止。我必須說這種從「整個世界都

是我的」到那一刻彷彿裂成碎片、大家紛紛醒來，電話響起、收到電子郵件、狗狗再度出現的過渡階段，總是讓我覺得不太舒服，有種很強烈的衝突感。

養成這套習慣多久了？有什麼改變嗎？

將近三十年吧，我每天都吃一樣的早餐、喝一樣的咖啡（Peets的法式烘焙咖啡，濃到可能要用湯匙小口小口喝才行）。天哪，看到這句話白紙黑字寫下來還真有點尷尬……不過這種連續性和一致性能讓我一大早就打下穩定的基礎、做好準備，有能力面對接下來一整天發生的事。

以前我還是消防員的時候，早上不會看書，起床時間也不固定，因為你永遠不知道當天晚上會花多少時間救火或進行醫療協助。我這個人只要沒睡就會變得跟廢物一樣。

成為專職作家後，由於必須自己制定行程和計畫，因此我開始設鬧鐘、堅持在固定的時段起床。我需要這種有組織、有條理的生活，也很需要在早晨時光溜走前把狀態調整好，繼續完成當時正在寫的書。很多人都認為不用進辦公室上班很棒，可以想睡就睡，但是對我來說，這是一條充滿困惑和不安的路。

一直都是靠鬧鐘起床嗎？

對啊。我曾試著想訓練自己不靠鬧鐘、在特定時間自然醒，聽起來就像一種很酷的超能力，結果我整個晚上都在想自己到底起不起得來，搞得很焦慮，完全不值得。只要鬧鐘一響，我就會變成半瞌睡狀態，不過我養了一隻狗、兩隻貓，牠們聽到鬧鐘的聲音會跑過來盯著我看，非要看到我起床才肯罷休。這就叫「動物貪睡按鈕」。

你都幾點上床睡覺？

我每晚九點就想睡了。我真的不是夜貓子的料。只要太陽一下山，我就會想：喔，好吧，已經沒什麼事可以做了，然後開始期待第二天早上趕快來。

你的伴侶如何配合、融入你的晨間習慣？

溫蒂是那種越晚靈感越強、工作成果越好的人（她是插畫家），所以早上這段時間對她來說沒那麼重要。我們的作息配合得很好，因為我可以享受寧靜的早晨，她可以安然入睡，不會被在床上翻來覆去的我干擾。

你在週末時也會實行這套習慣嗎？

不管怎樣我都很喜歡早起，也很想早起，但基於對溫蒂的尊重，我可能不會設鬧鐘。但若是週末要寫作的話，就會跟平常日一樣設鬧鐘。

旅行的時候怎麼辦？

每次旅行時我的行李都會超重，因為裡面可能塞了兩件上衣、兩件褲子、三十根高蛋白能量棒、五本書和一包咖啡豆。溫蒂會說：「卡洛琳，我們是要去紐約耶，那裡什麼都有啊！」可是不行，我不想碰運氣，也不想讓晨間習慣有任何中斷的可能。溫蒂的生活模式比較隨興，以前她會一直煩我、要我減輕行李，然而九年過去，她現在已經不在意這些事了。

讓老舊的濃縮咖啡機叫你起床，幫助你做出人生中最重要的決定

詹姆士・費里曼（James Freeman）
藍瓶咖啡（Blue Bottle Coffee）創辦人

你有哪些晨間習慣？

除非孩子把我吵醒，不然我通常會在早上六點起床。我是用傳統的鬧鐘，所以沒有什麼貪睡模式可以讓我賴床。我們家有一臺老舊的濃縮咖啡機（一九七〇年代晚期的義大利 La San Marco Leva），我會先定時預熱，這樣起床後機器就已經準備好，可以用最理想的溫度來煮咖啡。

起床後，我會替自己煮一杯卡布奇諾，替太太煮一杯拿鐵。喝完咖啡後的我會變得比較樂觀積極，所以我的大原則就是：還沒喝咖啡之前，不做任何重要的決定。

幸運的話，我會有十到二十分鐘的時間一邊在床上喝咖啡，一邊和我太太聊天、看《紐約時報》（*New York Times*）。有時狗狗必須要到外面散步，我也只能摸摸鼻子妥協。

我會在大約六點四十五分的時候去運動，運動完就洗澡、吃早餐、餵小孩、幫小孩換衣服、把自己打理好，然後跳上車出門。通常我會先想好一張歌單，可以在開車去奧克蘭的路上聽。以前我

都聽全國公共廣播電臺（National Public Radio, NPR），但那些節目內容實在讓人憂鬱。

養成這套習慣多久了？有什麼改變嗎？

好幾年了。有了小孩後，早上這段時間變得比較混亂，但目前家裡每個人的需求都有被照顧到，所以還算不錯。

睡前會做些什麼，好讓隔天早上能輕鬆一點？

我們睡前一定會打掃家裡，廚房也會整理得乾乾淨淨。雖然挪出時間做這些事不容易，但在美好的環境中醒來的感覺真令人愉悅。

起床後大約多久才吃早餐？

我都是運動完才吃早餐。通常我會吃一杯優格和果昔，或單吃優格加果醬和原味杏仁碎片。我最喜歡的優格是 Saint Benoît 的有機認證全脂澤西牛奶優格。

你有晨間運動的習慣嗎？

我一週有四天會去舊金山的金門公園（Golden Gate Park）參加「軍訓健身」（boot camp）課程。這種令人筋疲力盡的高難度體能鍛鍊能幫助我理清思緒，跟我以前做過的運動截然不同，而且教練非常投入、教學也很認真，好像本來就立志要在公園裡教健身一樣，就我的經驗來看，這種精神真的世間少有。

你會用應用程式或產品來改善自己的晨間習慣嗎？

咖啡機算嗎？睡衣？很舒服的浴袍呢？我可能太老了，不太懂這些東西。不過我不相信生活可以隨隨便便被什麼應用程式入侵或刪改。生活是拿來過的，而且要過得精采。

你早上最重要的任務是什麼？

只要開始工作，我就會投入百分之百的努力，完全專注在眼前的問題或人事物身上。因此，我早上最重要的任務就是要帶著一顆清醒的腦袋和正面的態度去上班。

旅行的時候怎麼辦？

旅行時我會帶上一整套咖啡器材，好讓我掌控製作品質。運動方面，我手機上有個間歇鍛鍊的應用程式，只要離開舊金山，我就會靠這個來運動。我也很喜歡在旅行期間到城市近郊或公園裡跑步。因此，為了能每天早上好好煮咖啡和慢跑，我不會安排什麼需要很早起床的行程。

晨活小物推薦

想知道受訪者最喜歡的咖啡機、茶壺和果汁機嗎？（更別說他們最愛的書、podcast 節目和應用程式了）請上我們的官網，點進時常更新的「產品推薦」頁面 mymorningroutine.com/products/，隨時掌握最新、最優質的第一手消息。

身為創意工作者，沒有休眠模式

安德烈・D・瓦格納（Andre D. Wagner）
藝術家、紐約街頭攝影師

你有哪些晨間習慣？

通常我會在早上六點起床，給自己一點安靜的時間。另外我有在寫日記，所以有時會寫寫東西。平常沒有攝影工作的時候，我會在七點或七點半左右帶著相機出門，迎接新的一天。習慣雖然變來變去，唯一不變的就是早起。到目前為止，早晨是我一天之中最喜歡的時光。身為一個街頭攝影師，我整天都在街上走來走去，和別人打交道、觀察別人，還要時時保持熱情、捕捉靈感，生活既充實又累人，所以對我來說，讓自己有點安靜的時間非常重要；早晨的片刻寧靜能幫助我在這座情感豐富的城市中維持身心平衡。

有攝影工作的時候，我會視情況調整作息。兩年前我在一間攝影工作室工作，當時我大多在早上七點出門，因為我想在工作前先到地鐵站花一、兩個小時的時間拍照。現在是夏天，破曉時的光線美得驚人，所以我很喜歡、也會想早起出門，好好利用自然光創作。

睡前會做些什麼，好讓隔天早上能輕鬆一點？

我有潔癖，所以我喜歡一切都乾乾淨淨的。在一塵不染的公寓裡醒來絕對是全世界最棒的事。家裡乾淨，我的心靈和思緒也跟著乾淨。

你有晨間運動的習慣嗎？

我會騎腳踏車繞布魯克林的展望公園（Prospect Park）一、兩圈，每週大概兩、三次吧。早上外面的人不多，公園也很安靜，所以運動起來的感覺很好。我最喜歡秋天，早晨的空氣清冷又新鮮。

那晨間冥想呢？

在乾淨的公寓裡醒來，美麗的晨光從窗外灑進屋裡，邁爾士・戴維斯（Miles Davis）的歌聲在耳邊環繞，這就是我的冥想。

你起床後會在什麼時候看手機？

我會在出門前看一下，盡量避免躺在床上滑手機。剛醒來時，我喜歡保留一點空間給腦中的想法和思緒，就算放空也沒關係。有時我會靈光一閃，對手邊的工作產生新的想法，有時只是單純思考自己與攝影之間的互動，或是和別人聊天的內容等對我帶來影響和衝擊的事物。總之，看手機不是早上起床後的第一要務。

追著新聞跑，簡直像是我的正職工作

里歐．拉斐爾．萊夫
美國麻省理工校長

你有哪些晨間習慣？

我會設早上六點的鬧鐘，但我很少聽到鬧鐘的聲音，因為我幾乎每天凌晨五點或五點半就自然醒了。

起床後我會先喝一杯水，接著查看電子郵件。由於麻省理工怎麼說都是全球性的學術組織，因此我會緊追國際脈動，隨時和世界接軌，了解國外一夜之間發生了哪些事。我會盡量把握時間、立刻回覆需要緊急處理的信，然後一邊吃早餐一邊用手機或平板讀新聞。

吃完早餐後我沐浴更衣，接著出門參加第一場會議。

你都幾點上床睡覺？

我會試著在晚上十一點左右就寢。睡覺前一定會讀點東西，像是書或雜誌等等。通常我會在星期六讀當週的《經濟學人》（*Economist*），大概要幾天才能讀完，剩下的時間就會拿來看書。我很喜歡歷史和傳記類的書，藉此了解過去發生了什麼、為何發生以及是誰造成的，這種感覺真的很不可思議。

睡前會做些什麼，好讓隔天早上能輕鬆一點？

我會看一下明天的行程，了解教職員在接下來二十四小時幫我安排了什麼事！

另外，我有用健康與睡眠追蹤裝置，這樣我就能知道自己睡了多久、睡眠品質好不好。其實用這個只是好奇啦，我很喜歡數據之類的東西，想比較看看數據和我自己的感覺是否相符。

起床後大約多久才吃早餐？

我一回完必須緊急處理的電子郵件後就會下樓吃早餐。通常我太太也會在差不多的時間醒來加入我們的行列。我們倆會一邊吃、一邊讀新聞，討論當天的時事。

要是你沒有確切實行這套習慣呢？

如果沒有時間看電子郵件，我會一直擔心錯過了哪些消息（其實就算我有看也還是會擔心啦），但這種情況很少發生。不過要是沒吃早餐，我就會整天精神不濟，脾氣也會變得很差。

晨起做齋戒月禱告，填飽肚子再睡回籠覺

黛西・克罕
美國穆斯林促進會執行董事

你有哪些晨間習慣？

我的起床時間取決於禱告時間，由於禱告時間會不斷變動，因此我會按照儀式調整作息。在齋戒月這段期間，身心靈不僅會受到挑戰，也會有所轉化，而且要恪守的規範非常嚴格。我會在半夜就寢，凌晨三點十五分從熟睡中醒來、吃封齋飯（suhur），等到凌晨四點四十分晨禱結束後再帶著飽飽的肚子回房間睡回籠覺，八點半起來準備出門上班。

起床後大約多久才吃早餐？

我正在實行鹼性飲食法（Alkaline Diet），起床後會先空腹喝一杯檸檬水，兩小時後再吃超健康早餐，不吃午餐。通常我的早餐會有紅茶加新鮮牛奶（英國早餐茶的一種）、蠶豆（蛋白質）、

小黃瓜、芝麻菜或蛋，再加上不含麩質的麵包和我自己做的手工果醬。

你早上最重要的任務是什麼？

挑衣服對我來說滿重要的，因為我得穿能去上班又能參加晚上活動的服裝。我沒什麼時間好好把整份《紐約時報》看完，所以我會快速掃過標題，拿剪刀把想讀的文章剪下來收進資料夾，留到週末再讀。我每天早上都覺得自己好像在做勞作。

你在週末時也會實行這套習慣嗎？

不會。週末是我的放鬆時間，我會讓身體掌控一切，累了就睡，而且睡到自然醒。

旅行的時候怎麼辦？

我很常到處旅行，而且多半是搭長途飛機，所以我會用一些輔助睡眠的工具來對付時差問題，讓自己保持好精神。除此之外，我也會暫時放棄空腹喝檸檬水的習慣，畢竟要跟海關解釋為什麼我的行李裡有檸檬實在是太麻煩了。

堅決反對在早上洗澡

泰勒・柯文
美國喬治梅森大學經濟學教授、《再見，平庸世代》（*Average is Over*）作者

你有哪些晨間習慣？

我會在早上六點半或七點左右起床，喝點礦泉水，然後大吃青椒、起司和煙燻鱒魚，接著打開筆記型電腦看新聞、電子郵件和推特（Twitter），最後讀四份報紙收尾。

這套習慣能讓我做好準備，想想接下來一整天要寫些什麼，整個過程最多可能會花上兩個小時。早上九點到中午是我主要的寫作時間，不過有時午餐後也會寫寫東西。

養成這套習慣多久了？有什麼改變嗎？

很久了，那個時候我還在吃麥片，世界上也沒有推特這種東西。不過我不太記得當時的生活模式了。

有時我會在吃青椒前先來點黑巧克力，而且純度一定要在百分之七十以上、八十八以下。我個

人認為那是意志力軟弱的表現，因為巧克力比較適合在完成整套習慣後吃。起司的種類則常常變來變去，但早上我比較喜歡滑順的羊奶起司或高品質的切達起司，這兩種都不太適合下午或晚上吃。

你都幾點上床睡覺？

晚上十一點二十六分。不是每晚都正好十一點二十六分啦，但差不多就是這個時間。有時我和我太太看到時鐘上顯示十一點二十六分，我們就會開玩笑說，欸，該睡了。然後我們就真的去睡了。

睡前會做些什麼，好讓隔天早上能輕鬆一點？

我會把眼鏡放在筆記型電腦上，而且睡前一定要洗澡。很多人都把早上生產力最高的黃金時段浪費在洗澡上。洗澡能幫助你放鬆、讓你冷靜下來，可是早上幹嘛要放鬆和冷靜下來啊？反而到了晚上才能好好放鬆，享受沐浴這件事。

你早上起床後會先喝什麼？在什麼時候喝？

奧地利的迪洛斯汀（Gerolsteiner）天然氣泡礦泉水（受訪者口誤，應為德國品牌）。這是我早上起床後最先喝、最後喝，也唯一會喝的東西。

你的伴侶會怎麼配合、融入你的晨間習慣？

我會在她旁邊看報紙，時不時聊一下。她也要出門上班，所以我們的作息沒什麼衝突。

還有什麼想補充的嗎？

舒服的沙發和好的立體音響真的會大加分。

早起小幫手：詩歌、哲學與平板式（plank pose）訓練

提姆．歐萊禮（Tim O'Reilly）
歐萊禮媒體（O'Reilly Media）創辦人暨執行長

你有哪些晨間習慣？

通常我會在早上五點到六點半之間醒來，而且很少超過六點半。我一下床就立刻做兩分鐘的平板式訓練。我有旋轉肌群磨損和破裂的問題，平板式訓練能強化旋轉肌，讓肌肉不會裂得更嚴重（我發現要是我沒有一起床就做，當天就可能不會做了）。訓練完畢，我會在書房（就在我房間隔壁）地板上做十到十五分鐘的伸展操。書房裡，我的那些愛書，無論新舊，望著那些書脊總能激起我對書中內容的記憶，回想起書頁上文字相互碰撞的火花及關於世界與生命本質的對話。

一般來說，我會讓自己先在現實世界待一陣子，然後再開電腦或手機，因此我會在廚房洗碗，替自己和我太太珍泡杯茶，接著我們會出去跑個大約五公里，或是上健身課。運動完回到家、休息一下後，我會把家裡養的雞放出來，讓牠們到庭院裡走走，如果前一晚有洗衣服，我就會曬衣服，然後再洗澡準備出門上班。

養成這套習慣多久了？有什麼改變嗎？

我這種愛在早上做家事和曬衣服的習慣大概有幾十年了吧，平板式訓練持續了四年，我和珍則是到這一、兩年才開始一起認真、規律地做晨間運動。

過去幾年讓我覺得最開心的新習慣，就是我每天都會一邊晨跑一邊尋找值得拍攝的花朵。真的很不可思議，世界上居然有這麼多各式各樣美麗的花。在尋找花朵的過程中，我看見四季的更迭、大自然無限的豐富與慷慨，還有很多可能一不小心就會忽略的美好。

我記得好幾年前讀過英國作家C．S．路易斯（C. S. Lewis）寫的寓言故事，故事中描述一個男人在死後沿著一條路走，突然意識到路邊的花看起來不像花，而是色彩繽紛的小斑點；後來他遇到一個指引靈魂的引路人，引路人說，他之所以只看到彩色的小點，是因為他生前從來沒有好好看過那些花。我不想犯這種錯。對我來說，詩歌、哲學及其將意義傾注於日常生活與這個世界的方式非常重要，這些是我的精神食糧，也是我的冥想方式。

你都幾點上床睡覺？

大概晚上九點到十一點之間，通常我十點左右就會去睡了。我和珍會在睡前玩一、兩回合的串串字連環（Boggle），另外我也喜歡在睡前看一下書。現在我已經看完厄普頓・辛克萊（Upton Sinclar）以藍尼・巴德（Lanny Budd）為主角寫的那套十一本系列小說的第一本。蕭伯納（George

Bernard Shaw）曾說：「如果有人問我，在我這漫長的一生中到底發生了什麼事，我不會要他們去看新聞檔案或是問政府當局，我會叫他們去讀厄普頓・辛克萊的作品。」他指的就是這部系列小說。

你有晨間冥想的習慣嗎？

我記得美國學者，同時也是當代神話學大師喬瑟夫・坎伯（Joseph Campbell，為《千面英雄》的作者，寫了很多有關神話與宗教的書）在晚年發表過一段談話，當年高齡八十多歲的他，身體還很硬朗，態度也很優雅。他說，有一次哲學家艾倫・華茲（Alan Watts）問他：「你都做什麼瑜伽啊，老喬？」他回答：「我都在文章底下畫線啊。」對我來說，活在當下、敞開心胸，讓宇宙與內在合一就是最好的冥想。

你會一大早回覆電子郵件嗎？

只要我打開電腦，就一定會看電子信箱。我會盡量全部回覆，然後把還沒回或來不及回的放到待辦清單，至於其他在我下拉螢幕時漏掉而且應該要回的……只能說抱歉了。

你的伴侶會怎麼配合、融入你的晨間習慣？

我和珍大多時候都會一起實行晨間習慣。她常趁我在廚房閒晃時去看她的手機或電腦，但她會在我開始把碗盤從洗碗機裡拿出來時回廚房。先下樓的人就先泡茶。

換你做做看

早晨是一天中非常神聖的時刻。我很喜歡新的開始。我媽總叫我不要擔心，因為明天又是新的一天。我還記得小時候與奮地上床睡覺、滿心期待明天趕快來的感覺。」

——迪娜·哈登（Dena Haden），知名獲獎藝術家

準備好克服早上賴床的強烈欲望、讓起床這件事變得輕而易舉，好好享受接下來的美好時光了嗎？

「經過多年來的實驗與失誤，我終於發現『起床後三十分鐘』這段時間會大大影響我對接下來一整天的感受。」

——莫莉·蘇洛維茨（Molli Surowiec），健身教練

以下的晨活小祕訣集結了過去五年多來有關晨間習慣的訪談內容，受訪者從生活模式超猛的晨型人，到和我們大多數人一樣、有時聽到鬧鐘就想把頭埋進枕頭裡的普通人都有。希望他們的分享

能對你有幫助。

多方實驗，找到適合自己的起床時間

為什麼你每天早上會在那個時間起床？你醒來的時間是固定的，還是會視當週情況或個人感受而有所改變？

對很多人來說，上班、上課或要去其他地方的時間決定了起床的時間。如果你只是不想被炒魷魚或踢出班上，那趕在最後一秒起床出門還可以；如果你希望自己能有更多時間實行晨間習慣，那就得發揮實驗精神，試試看早點起床。

從明天開始，比平常早五分鐘起床吧！如果你都在早上七點起床，就把鬧鐘調成六點五十五分，然後接下來這一週的平日（如果週末假日想繼續做的話也可以）每天都在六點五十五分起床。或許這種練習節奏聽起來很慢，但養成新習慣最簡單的方法就是在舊習慣裡加入微小的改變。「每天提早五分鐘起床」實驗大約一個星期後，就再提早五分鐘，也就是比平常早十分鐘起床。

只要按照這種累計的方式，每週持續提早五分鐘起床，最終一定會找到適合自己的起床時間。記住，早歸早，但不要早到讓你下午就想睡了。

養狗（認真）

如果你早上爬不起來，以下兩種方法保證會神速改善、解決這個問題：

1. 生小孩
2. 養狗

我們都很贊成第一種方法（當然還是視你的人生階段、個人規畫與生活情況而定），本書也另闢章節（第七章）專門討論為人父母的晨間習慣，所以現在來聊聊狗吧。藝術總監大衛．摩爾（David Moore）這句話完美詮釋了「養狗防賴床」的概念：「家有兩隻愛死你的狗，早上真的很難睡過頭。」

如果你有養過狗，一定知道我們在說什麼。狗狗絕對不會讓你睡覺、錯過早上的散步時間，你就是牠們的一切，牠們會一直吵到你起床、陪牠們一起度過早晨時光為止。

整理床鋪

早上整理床鋪是最簡單的方式，這個動作不僅能喚醒大腦和心神，幫助你做好準備、迎接新的一天，同時也能降低賴床與睡回籠覺的機率。

社會工作者海蒂．希斯塔（Heidi Sistare）說：「整理好床鋪後，我覺得我的世界變得好乾淨、好有條理，我可以百分之百專注在工作上了。」整理床鋪就是有這種神奇的效用。計畫感與紀律感會透過這個小動作逐漸滲透你的生活，而這也是軍隊堅持軍人每天早上一定要整理床鋪的原因。

整理床鋪對你來說可能不會像對服役的軍人那樣有立即、顯著的效果，但這種方法確實能提升你的專注力與生產力，讓生活更井然有序。

擺脫背景雜音

如果你起床後第一件事是收看或收聽晨間新聞（用在地廣播電臺當鬧鐘就不用說了），我們建議你盡快改掉這個習慣。雖然那些節目能讓你時時掌握最新消息，但也會造成很大的心理壓力，為你的早晨帶來負面影響。

美國華盛頓特區聯邦司法中心（Federal Judicial Center）主任傑瑞米．佛戈（Jeremy Fogel）法官在他的著作中提到，早上看完新聞、喝完咖啡後，他會聽一些輕柔的古典樂，「聽我喜歡的音樂，例如巴哈、韓德爾及巴洛克時代的作曲家作品等，幾乎每次都能（為我的早晨）帶來平靜的感受。音樂結構似乎能幫助我集中注意力、變得更專注。」

出去走走

曬曬太陽、呼吸新鮮空氣，出去跑跑步、騎腳踏車，或是在家附近散散步。如果家裡的環境無法讓你完全清醒，那一直逗留在那裡也沒意義——快出去走走吧（想知道更多關於晨間運動及運動習慣養成的資訊，請看第三章）。

耐力型運動選手泰芮．史奈德（Terri Schneider）說：「通常我起床後十到十五分鐘內就會出門。其實我一點也不急，只是覺得在家裡晃來晃去沒什麼意義。我很喜歡清晨的安寧與靜謐，所以很有動力早起出門，感覺就像在全世界的人甦醒前擁有屬於自己的小天地。」

用感恩的心展開新的一天

沙卡・桑德爾在訪談時提到：「我（早上）做的第一件事就是集中精神，全心全意地感謝三件人事物。我每天都會做這項感恩練習。」

只要帶著感恩的心展開新的一天，起床就會變得簡單很多，因為這一天充滿了遠比待辦事項更深刻的意義。

如果你有宗教信仰，也可以用禱告的方式來表現。前藝術總監艾琳・羅赫納（Erin Loechner）就說：「我每天早上都會說一句簡單的禱詞，那就是『主，請幫助我看見這個世界』，就這樣，沒什麼華麗的詞藻。我發覺禱告能滿足我對洞察力的需要，讓我接下來一整天都能準確地判斷事物、權衡輕重。我無時無刻都在心裡默唸這句禱詞。」

設定鬧鐘，拒絕貪睡模式的誘惑

大部分的人都是靠鬧鐘起床。我們兩個也用鬧鐘，但我們完全不建議設定貪睡模式，這種方法有百害而無一利。

當然啦，這個習慣不好改。身為老師的理查・沃頓（Richard Wotton）就說：「我嚴禁自己使用手機裡的貪睡模式。長遠來看，多睡十分鐘對我一點好處也沒有。可是到了冬天，氣溫降到零度以下的時候，拒絕貪睡模式真的是一大考驗。」

對大多數擁有全職工作或其他責任的人來說，鬧鐘是起床不可或缺的工具，然而事實上，如果沒有在主鬧鐘響的時候立刻起來，反而使用貪睡模式（就算你刻意把鬧鐘設早一點，好讓自己有貪睡的空間）賴到最後一秒，往往會讓人起床後的感覺更糟。作家蓋瑞・米勒（Gary Miller）對按下貪睡鍵的看法是：「躺在那裡假裝睡覺就像讓體內的引擎在還沒啟動的情況下加速運轉一樣。」又如企業家與實境節目《我要活下去》的前參賽者葛雷格・凱瑞所說：「人生責任似乎是起床的好動力。」

把鬧鐘放在別的房間

把鬧鐘放在別的房間不僅可以大幅改變你的起床速度，而且在訪談過程中，受訪者也一而再、再而三地提到這個方法，他的原理淺而易懂。

一旦你在睡前把鬧鐘（老實說現在大部分的人都用手機）放到別的房間，隔天早上「起床按鬧鐘」這個身體動作就足以促進血液流動，讓你清醒過來。青少年文學作家琳賽・張伯倫（Lindsay Champion）就說：「你都已經站起來走到離床鋪五公尺遠的地方了，再按貪睡鍵根本沒意義啊。」

反向操作

在我們過去的採訪經驗中，大部分的人都反對貪睡模式，但也有部分受訪者持相反的立場。如果你已經當了一輩子的貪睡人，而且覺得這種方法很有用，我們當然不會反對。例如插畫家伊萊．特里爾（Eli Trier）就向我們解釋他的貪睡循環：「我發現半睡半醒的模糊狀態隱含著一種非常強大的力量。我常常在這種狀態下靈光一閃、找到解決問題（這些問題往往已困擾我很久）的辦法，深刻的見解和好點子就這樣源源不斷地冒出來。」

當然啦，就算你是那種每天都要按五次貪睡鍵才起床、認為這種模式沒什麼問題的人，不代表「不貪睡原則」對你無效，搞不好你還會發現自己的活力與生產力改善了不少。不過，如果半睡半醒能為你帶來豐富的靈感，那你就繼續依循個人習慣、按照自己的步調就好。

關於這一點，假如你發現其他有效且本書沒提到的起床方法，也請繼續實踐下去。我們建議睡前可以把相關裝置（如鬧鐘、手機、電腦等）放到臥室以外的地方，這樣一早起來就不會忙著開電腦、滑手機，讓自己被一大堆通知與社群軟體淹沒。不過，有些受訪者對這個觀念有不同的看法，例如GV（Google母公司Alphabet旗下創投公司）合夥人M．G．席格勒（M. G. Siegler）就說：「我常覺得應該要等到自己完全清醒（再看手機）才對，然而事實上，看手機能讓我的大腦動起來，也是幫助我起床的絕佳利器。」

無論你做了什麼、有什麼樣的晨間習慣，記住，千萬不要有罪惡感。我們採訪過的每一位紀律嚴謹的專業人士都有小小破戒、脫序演出的時候。

第二章
專注力與生產力

提高晨間生產力的祕密心法

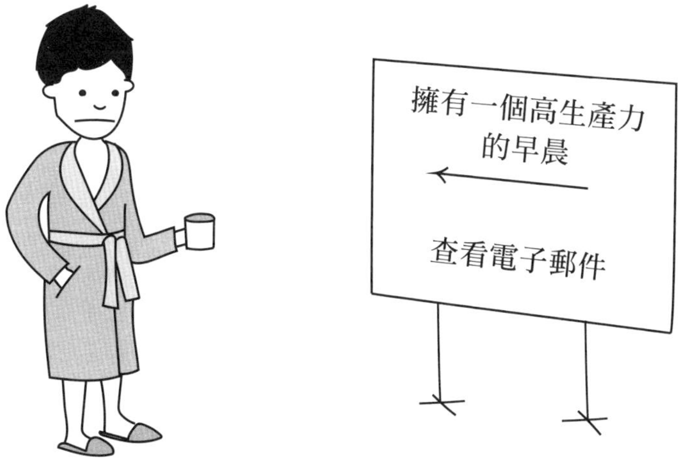

起床後的前幾個小時是非常有力量、效果奇佳的黃金時段。你可以利用這段時間進行創意工作、執行重要計畫，或是朝擱置已久的目標邁進一大步，同時感受自己豐沛的晨間效率與生產力，讓這些優勢持續一整天。

我們鼓勵你在前一天擬好待辦清單，將最重要的工作列為第一優先，至於那些雖然緊急、但真的無能為力的事就暫且擱置吧。早上一定要保持積極主動的態度，不要把心思放在無法掌控的事物上。

這一章我們要看看葛雷格．凱瑞（Gregg Carey）生活中不可或缺的「晨活四元素」；《紐約客》雜誌寫手暨作家瑪莉亞．柯妮可娃（Maria Konnikova）為什麼會把早晨視為「完事」的最佳時段，好展開接下來一整天的生活；《財星》雜誌資深編輯傑夫．柯文（Geoff Colvin）是怎麼強迫自己每天早上一定要做待辦清單上最重要的事（他也坦承，就算盡力，還是會有失誤的時候），以及其他人的經驗分享。

當上午完成越多事，下午的「時間餘額」越充裕

萊恩．霍利得（Ryan Holiday）
《障礙就是道路》（*The Obstacle Is the Way*）作者

你有哪些晨間習慣？

我從尚恩．派瑞許[1]（Shane Parrish）那邊得到一個很棒的建議，這個建議很簡單：「如果你想提升自我生產力，請早起。」

所以我大約早上八點[2]起床。我有一條簡單的原則，就是看電子郵件前一定要先完成一件事，例如洗澡、長跑，或是把腦中的想法寫在日記本上。通常我都會選擇寫東西。早上我最常做的就是先花一、兩個小時寫作，接著展開接下來一整天的生活（還有完成待辦清單上的事，清單是前一天就擬好的）。

1 有關尚恩．派瑞許的訪談，請看本章第六則訪談。

2 早起是很主觀的概念，不管你幾點起床，請像萊恩一樣充滿信心、驕傲地看待自己的起床時間。

我會洗澡、做好準備，然後到樓下的書房或工作室寫作。我的想法是，我已經利用早上這段時間完成了很多重要的事，剩下的時間就像額外多出來一樣，可以隨機應變、自由調整。

養成這套習慣多久了？有什麼改變嗎？

習慣是一種反覆實踐、不斷改進的過程，會隨著時間增加、刪減或調整。這八年來，我嘗試了這套習慣的各種版本。

目前的這個版本已經實行了快四年，每個習慣都會因為我住的地方而有些微的差異。我認為最大的考驗在於，一旦生活變得更忙碌、機會變得更多，你還有沒有辦法堅持這些習慣？能不能抵擋誘惑、不讓自己陷入混亂？還有旅行回來後能不能迅速重返常軌？我覺得自己還滿厲害的，總是能做得更好。不過我本來就沉迷於規律生活，所以這對我來說不難。

生養小孩對日常習慣的破壞力無可匹敵，所以當了爸爸後，我就做好心理建設，準備迎接生活上的巨變，結果……根本差不多嘛。我早上會負責照顧寶寶一個小時，讓我太太好好補眠；這段時間我會坐下來陪寶寶玩，讓他坐在我大腿上伴我寫日記，當我去把雞放出來時也會抱著他，有時還會讀書給他聽。我覺得這對我的晨間習慣來說是一種很棒、步調緩慢又溫和的附加元素。

除此之外，「早上不看電子郵件」的原則在最近這幾年也對我造成了很大的影響。我的早晨不但沒有因此成效低落，反而還充滿優勢，特別是在寫作方面，這個原則讓我能帶著清晰的頭腦和思緒投入文字創作。寫稿時最不想看到的就是「四十六封未讀郵件」朝著你步步進逼，真的，那個當下完全不適合未讀郵件的存在。

你是靠鬧鐘起床的嗎？

對，不過我不會用貪睡模式。我會選一個適合自己的時間起床，如果沒用，我就會換一個時間。另外我也試著不要無意義地熬夜。

起床後大約多久才吃早餐？

要看當天早上我有沒有出門，或是和我太太一起做早餐。我們住在紐約的時候，我和我太太很常到餐廳一邊吃早餐、一邊工作；現在我們住在德州奧斯汀，有時我還是會出門吃早餐，但因為家裡有養雞，我們通常會看看籠子裡有沒有雞蛋，然後自己下廚，再加上我的工作室就在廚房旁邊，所以我常在廚房進進出出的。

你有晨間運動的習慣嗎？

一般我都在下午運動。我會到湖邊慢跑，或是去巴頓春池（Barton Springs）游泳；如果當天是「混合健身日」（CrossFit），我就會去上傍晚的全方位體適能訓練課。另外，由於旅行時無法完全掌握行程，因此我早上會先去長跑，不管接下來一整天的情況如何，至少我都運動到了。

你在週末時也會實行這套習慣嗎？

對我來說，週末是我們放下義務與紛擾後的最佳生活寫照。

星期六和星期天不僅輕鬆有趣，而且做事效率也很好。為什麼？因為電話少了，能自由運用的時間變多了。我常常幻想有一天能把星期二過得跟星期六一樣。做我想做的事，依照自己的步調與習慣作息，無視吵鬧的雜音，隔絕外界的干擾。我想把週末當成一種追趕目標的機會，完成那些想做卻沒做的事，同時努力不讓週間那些亂七八糟的爛事污染這段寶貴的時光。週末我會花很多時間整理牧場，整理牧場是個好玩又能讓我連續好幾個小時都忘記看手機的工作，不過，這也是個無酬的工作……喔不！其實我還得自己貼錢啊。不過真的很好玩就是了。

沒有日式電鍋幫忙做早餐，令人不寒而慄

傑夫・柯文
美國《財星》雜誌資深編輯

你有哪些晨間習慣？

平常沒有旅行的時候，我都是早上六點到六點半之間起床，然後盡量在起床後一分鐘內喝三杯水，這個方法能有效讓大腦和身體醒過來。接著我會做簡單的伸展，慢跑八公里（一週跑六天），跑完後就吃早餐、洗澡、刮鬍子、換衣服，準備工作。我的工作大多是在家寫稿，所以沒有通勤的問題。

養成這套習慣多久了？有什麼改變嗎？

這套基礎習慣我已經做了十到十五年了，只有死板到不行的早餐內容有稍微變過一下。

你都幾點上床睡覺？

通常是晚上九點到九點半之間，所以我睡了大概九個小時。我是「大量睡眠派」的死忠支持者。講到睡覺，我真的會沒完沒了。

睡前會做些什麼，好讓隔天早上能輕鬆一點？

我一定會讀一些跟工作無關的讀物，這樣我會比較好睡。另外我也不喝酒。我一直都不太愛、也不太會喝酒（晚餐最多大概兩杯紅酒吧），八年前我突然意識到，其實沒喝酒的感覺比較好、身體也舒服多了。我戒酒的本意不是為了讓自己隔天早上比較輕鬆，但確實有影響。

起床後大約多久才吃早餐？

我一個星期有六天都吃一樣的早餐：燕麥片、脫脂純牛奶、新鮮水果、綜合果乾、核桃和熱茶。星期天我會做蕎麥玉米鬆餅，上面放新鮮水果和脫脂的原味希臘優格。

星期一到星期六的「燕麥早餐日」我會做點小變化，輪流吃四種不同的穀物，分別是燕麥粒、粗燕麥片、傳統燕麥片，還有燕麥糠加 Wheatena 全麥穀（一種高纖烤麥穀片）。我會把麥片放到日式電鍋裡，用脫脂牛奶煮（不是水喔），然後再去跑步。我真的不敢想像沒有日式電鍋的人生，一想到就忍不住渾身發抖。

你早上最重要的任務是什麼？

我覺得待辦清單非常有用，所以每天早上我都會擬好清單，找出最重要的項目，然後強迫自己優先完成這些事。這還滿困難的。

要是你沒有確切實行這套習慣呢？

我還是會照常過生活。如果只少做一天，沒關係；兩天，我會覺得有點精神不濟；要是連續三天（不過這種事很少發生）都沒有好好實行這套習慣，我就會頭重腳輕、行動緩慢、脾氣暴躁，整個人慘不忍睹。

還有什麼想補充的嗎？

我只想強調，我非常喜歡這套晨間習慣。這不是什麼克己或棄絕自我的表現，相反的，這些行為還有益身心健康，不過那些對我來說都不重要。我很喜歡跑步的感覺（尤其是在戶外），也很愛我的早餐，而且我一整天都活力充沛、精神飽滿。我不鼓勵別人跟我做一樣的事，但期盼大家都能找到自己喜歡的習慣。

當你身兼多職時，就得很努力、很努力避免一心多用

席娜・布萊迪（Sheena Brady）
茶飲品牌 Tease Tea 執行長（Shopify 網路商城熱銷品牌）

你有哪些晨間習慣？

我必須花一個小時左右的時間才能讓身心靈都做好投入工作的準備，所以我試著每天早上六點起床。早上七點到上午十一點，我會去 Tease Tea，也就是我經營的茶品公司工作，上午十一點到晚上七點，我會坐鎮指揮我們在 Shopify 網路商城的團隊。通常我上午的行程大概是這樣：

早上六點：起床、讓狗狗出去散步，然後煮咖啡。煮咖啡的同時，我會做一下伸展操，接著刷牙、洗澡、換衣服，進行十到二十分鐘的冥想。

早上七點：看一下行事曆和行程時間表，確認當天要做的事與該完成的任務，然後開始工作，同時努力讓自己按表操課，不要一心多用。

早上九點半：前往 Tease Tea 辦公室與物流中心，然後跟我妹妹（她在我的公司兼職）聊聊，確保她擁有一切所需的資源，好讓當天的工作能順利進行。接著我會跟數位行銷／社群經理與在公

司外工作的物流／營運經理進行線上會議，討論當天的目標、公司遇到的阻礙與挑戰，看看彼此能提供什麼樣的支援來協助對方，或是解決問題、排除障礙以完成任務。

上午十點半：我會把未完成的事寫進待辦清單，大多是還沒回覆的電子郵件。上午十一點前沒做完的事，我會留到當天晚上或隔天早上再處理。

上午十一點：開始處理有關 Shopify 的工作。我會看看有沒有需要優先關注的急事或媒體報導，然後處理收件匣，針對問題討論出具體可行的方案。我的八人團隊成員分散在世界各地，有人在加拿大卑詩省，有人在紐西蘭，所以他們會在不同的時間上線。我會按行程參加當天所有重要會議，包含與團隊成員一對一的個人會議。

養成這套習慣多久了？有什麼改變嗎？

大概快一年了，有時會有點變動。雖然我早上會先在家工作一陣子，但我學到了很多，知道生活要回歸現實、留點空間給自己，讓自己早上能有足夠的時間清醒、在投入工作前做些自己想做的事。這種晨間模式讓我的生產力大幅提升，真的很不可思議。

一心多用與環境切換

當我們講到一心多用的時候，多半是在描述有關「環境切換」（context switching）的情況，例如暫時放下手邊的工作，打開電子信箱瀏覽個兩分鐘，然後繼續回到剛才的工作。環境切換會帶來非常負面的影響，無論是一邊工作、一邊讀網路文章，或是一邊讀網路文章、一邊滑手機，都會產生所謂的「交易成本」，進而耗損我們的能量、拖垮做事的效率。

「一心多用」指的是同時做兩件以上的事，每件事的成功率與完成度不盡相同。一心多用往往會落得失敗的下場（那種試圖一邊網路購物，一邊進行電話會議、假裝自己有在專心聽對方講話的人就是最好的證明），不過有些特定活動是可以同時進行的，例如騎腳踏車去上班（你一邊運動，一邊前往目的地），或是邊開車邊聽有聲書（前提是一定要確保行車安全）等等。

荒島求生，讓人對一切「理所當然」心懷感恩

葛雷格・凱瑞

企業家、美國實境節目《我要活下去》（*Survivor*）參賽者

你有哪些晨間習慣？

我的晨間習慣是一種全面性的生活模式，其中包含四個至關重要的元素——對我來說，也就是幸福快樂的關鍵。雖然細節略有不同，但那四項元素絕對不會變。分別是：

- 能量：飲食
- 身體：運動（一般來說是高強度運動）
- 內心：彈鋼琴、冥想
- 靈魂：與自我目標連結、時時感恩、餵貓和親我太太

理想狀況下，我會在早上六點半左右起床。在此特別向我的貓「魯佛斯」（Rufus）致敬，牠

真的很厲害，每天都在固定的時間把我叫醒。我可能會花三十分鐘到兩個小時不等的時間來完成這套習慣。我常問自己：「假如今天在我做完晨間習慣後就結束的話，那會是個成功又充實的一天嗎？」我的整體目標，就是每天都要對這個問題說「對」。

養成這套習慣多久了？有什麼改變嗎？

最大的改變就是彈琴成為我的習慣之一。我一直很喜歡音樂，可是從來未玩過樂器，我以為這會是我人生中唯一的遺憾。不過大概兩年多前，我開始跟一個爵士鋼琴家學習。

每天練琴帶給我的好處是（一）進入冥想：這是一件需要百分之百專注才能學得好的事；（二）精益求精：每天我都能對自己說：「我今天做到了昨天還做不到的事。」

你都幾點上床睡覺？

通常我會在晚上十一點或十二點左右上床睡覺。最近我為了改善這套習慣，開始把睡眠看得比較重要。我發覺「多睡一點」是我能為自己做的最有益的事。我會在保留四項元素的基礎上，按照比例調整作息，縮短活動的時間。

睡前會做些什麼，好讓隔天早上能輕鬆一點？

通常我會在睡前和我太太一起喝點茶。她的夜間習慣就跟我的晨間習慣一樣縝密，所以我想陪在她身邊支持她，雖然我隨時隨地都有可能因為莫名其妙太放鬆而睡著。

身心狀態好的時候，我會省視一下當天的所作所為，同時仔細計畫、為明天的目標做準備。狀態絕佳的時候，我會實行班傑明．富蘭克林（Benjamin Franklin）提出的十三項美德（見本訪談正文後）。

你有晨間運動的習慣嗎？

我是高強度運動的粉絲。我很喜歡混合健身，所以我會花一定的時間做全方位體適能訓練。另外，我也會在馬拉松訓練期間進行長跑練習。夏天跑完十六公里後沖個冷水澡，整個精神都來了，大概比喝咖啡有效十倍。

你早上最重要的任務是什麼？

跟我太太說我愛她。這很重要，但不是任務啦。

你在週末時也會實行這套習慣嗎？

星期六的時候會，但星期天我會放自己一天假，讓當天的生活以更自然的方式展開。我覺得跳脫既定的框架與關機休息非常重要。

對我來說，只要有健康的週六晨間習慣，就能擁有一個美好的週末。如果我能先有點進度、完成下週的計畫，然後好好運動、鍛鍊一番，我就會覺得比較自在，而且較能真正享受剩下一天半的週末時光。健康的週六不但是週末輕鬆的關鍵，還能有效消除週日憂鬱喔！

你參加了《我要活下去：帛琉篇》的比賽。可以跟我們分享一下你在島上的晨間習慣嗎？

《我要活下去》讓我學會了「謙遜」這門課，也讓我對很多我們視為理所當然的事心懷感激。那裡的生活真的不是開玩笑。我不但在三十三天內瘦了快十四公斤，還得在幾乎沒有遮蔽物的情況下熬過整夜呼嘯肆虐的氣旋。這種經驗不但讓我們打從心底感謝那些生活必需品，也讓我們意識到我們其實比自己所想的還要有能力。

參賽期間，大家都是日出而作、日落而息。夕陽與晨曦渲染天空的方式美到讓你的心不由得安靜下來、讚嘆大自然的美麗，也讓你有機會在混亂中尋找內在的寧靜、感恩生活中的一切。當下關於比賽的策略與遊戲設計都被拋諸腦後，大家只是單純地表達對生命的感激，感謝我們的家人、食物與遮風蔽雨的避難所。

班傑明・富蘭克林的十三項美德

富蘭克林在年輕時就希望自己能臻至「道德完美」的境界，因此他列出十三項他認為最可取的行為，同時努力訓練自己達成目標，培養出這十三項美德。富蘭克林傳記作者華特・艾薩克森（Walter Isaacson）指出，其實富蘭克林一開始只列出十二項美德，後來一位貴格會教徒朋友看到後便好心提醒，說他漏掉了一個自己經常感到愧疚的行為，也就是「驕傲」（pride）。於是富蘭克林便把「謙遜」列為第十三項美德，而他這個補充動作正是實踐「謙遜」且言行一致的表現。

富蘭克林時時謹記所有美德，但是一次就只專注執行一項。他特別做了一張美德紀錄表，上面標示週期與十三項美德，只要違背一項，他就會在相應的空格處以圓點做記號，目標是要在當週結束時盡可能讓表上的圓點越少越好。富蘭克林從一七二〇年代末就開始執行這套計畫，雖然生前沒有一張紀錄表是空白的，但這讓當時的他受用無窮，這套準則時至今日仍舊適用。富蘭克林的十三項美德包含：

1. 節制（Temperance）：食不過飽，飲不過量。
2. 緘默（Silence）：只說利人利己之言，避免無聊瑣碎的話。
3. 秩序（Order）：物品各歸其位，做事各按其時。
4. 決心（Resolution）：下定決心做該做的事，一旦做了就要堅持到底。
5. 節儉（Frugality）：任何一筆花費都要對人或對己有益，切忌浪費。
6. 勤奮（Industry）：珍惜時間，忙於有益之事，戒除一切無謂之舉。
7. 誠信（Sincerity）：不害人、不欺騙，思想公正坦蕩，說話有憑有據。
8. 正義（Justice）：絕不做損人利己之事。

9. 中庸（Moderation）：不走極端，忍讓泯恩仇。
10. 整潔（Cleanliness）：身體、衣服與居所常保乾淨。
11. 平靜（Tranquillity）：不可為了日常瑣事或難以避免的突發狀況而煩心。
12. 貞潔（Chastity）：除了維持健康或繁衍後代外，平常應該節欲，絕不可傷身、損害自己或他人的安寧和名譽。
13. 謙遜（Humility）：效法耶穌（Jesus）和蘇格拉底（Socrates）。

歷經亂七八糟的一天，明早醒來後又能重建秩序

瑪莉亞．柯妮可娃
《紐約客》雜誌專欄作家、《騙局》（*The Confidence Game*）作者

你有哪些晨間習慣？

我以前完全稱不上晨型人，一直到大約十年前我和我先生一起住之後才有所改變，因為他上班的時間很早，所以我也開始早起了。

一般我會在早上六點左右起床，起床後第一件事是泡茶（我很需要咖啡因），然後進行早晨的瑜伽儀式，讓身體徹底清醒。做完瑜伽後就吃早餐、洗澡，開始上午的工作。通常我會先看電子郵件，確認一下在我開始寫作前沒有什麼需要趕快救火的事。

養成這套習慣多久了？有什麼改變嗎？

只看過去十年的話，應該是我最近改善了冥想的方式。以前我沒有很認真冥想，但現在跟那些真正投入冥想的人相比也不算認真啦。冥想是整理思緒的好方法，如果你想讓頭腦更清明、精神更

專注的話，我建議你試著冥想。做完瑜伽後，我會靜坐二十到三十分鐘（如果我坐得住的話可以更久，但我常常坐不住），努力讓自己投入練習。有時我會混搭一下，靜坐後再去跑步。

我是個很沒條理的人，不僅書桌亂七八糟，就連稿子也亂七八糟。只要有人問我：「妳都用什麼方法寫作？」我幾乎每次都會這樣回答：「吐在螢幕上，看看接下來會發生什麼事。」真的，我的寫作方式就是這樣。我的思路很紊亂，晨間以外的安排也很紊亂，早上是我唯一能說「我做好了」的時間，這樣我才能展開接下來的行程，知道自己至少完成了一些事，至少我早上的生活還算有點組織。

睡前會做些什麼，好讓隔天早上能輕鬆一點？

是有啦，我會列張計畫表，但說來好笑，因為我從來沒有真正按表操課。每天睡前我都會在上面做筆記，因為我不想把隔天要做的事記在腦子裡。我會把所有想到的東西全都寫在計畫表上、清空思緒，但很少會再拿出來看。

起床後大約多久才吃早餐？

通常我會在起床後一個多小時之內吃早餐。我每天都吃一模一樣的東西，就連旅行期間也不例外。如果接受廣播節目訪問、被問到早餐吃什麼，我的答案永遠都是：麥片加蜂蜜和藍莓。

你會用應用程式或產品來改善自己的晨間習慣嗎？

沒有。我認為有些應用程式或產品對某些人來說的確有幫助，但老實說現在市面上很多東西根本就是垃圾。我們必須減少生活中的壓力，而不是增加自己的壓力。我不想因為某個應用程式說我起床的時間不對，就整天擔心「喔天哪，我沒有在對的時間起床」。

你早上最重要的任務是什麼？

我是那種老是同時做一大堆事的人，而且常常跳來跳去，所以我會努力找出當天必須優先處理的項目、確認我想完成的目標，並讓自己保持正確的心態。不過我做事本來就沒什麼條理，所以我不會因為本來想完成這件事，結果最後卻完成了那件事而懲罰自己，畢竟你永遠無法預測自己的心思和想法，也不知道一天下來會有什麼樣的改變，那就坦然接受吧。

還有什麼想補充的嗎？

我不認為世界上有一套適合所有人的完美習慣。我覺得每個人都應該要找到最適合自己的生活模式。每次看到有人列出一大堆項目，下什麼「創意人都這樣做！N招讓你創意無窮」之類的標題，我都覺得很討厭。了解別人的日常習慣固然有趣，但絕對不可能一體適用啊。

拒絕智慧型待辦事項軟體，回歸老派的計畫工具與生活紀律

尚恩・派瑞許
投資決策研究媒體「法南街」（Farnam Street）創辦人

你有哪些晨間習慣？

早上是我一天之中效率最好、生產力最高的時候。過去幾年來，我都會按照實際的情況調整行程，好讓自己能利用早上這段時間完成最重要的事。

我們的能量與專注力會隨著時間不斷變化。對大多數人來說，「上午」是專注力最強的時刻，接下來就會受到其他外務與噪音干擾而變得越來越容易分心，精神和意志力也會越來越虛弱。我會在睡前寫好第二天早上的晨間計畫，還有兩、三件想在隔天專心完成的重要事項。

我會在早上六點到六點半之間起床，喝咖啡，然後坐下來處理那些計畫。我會給自己六十到九十分鐘、完全不受干擾的時間，全神貫注地投入於深度工作（deep work）[1]，處理較為棘手的問題。接著我會休息一下，喝第二杯咖啡、吃早餐，把那些想晚點再回頭思考或研究的想法記下來，然後再花另外六十到九十分鐘處理重要工作和難題。

你會一大早回覆電子郵件嗎？

不會，而且我是有意識地強迫自己改掉這個習慣。如果我早上起床後第一件事是查看電子郵件，那就等於讓其他人來決定我當天工作的優先順序，這樣我想專心處理的要事就會被迫延後，而早上這段最寶貴、精神能量最強的時間也會被我用來回覆那些明明可以幾個小時後再回的信。

睡前會做些什麼，好讓隔天早上能輕鬆一點？

我會把隔天要做的事寫下來。安排行程能讓我找到正確的方向、維持思路暢通，了解自己的時間規畫。

起床後大約多久才吃早餐？

我的腦袋會比我的胃先醒來，所以我只有在喝完咖啡、做完一大堆工作後才會坐下來吃早餐，通常都會吃一些高蛋白、高脂肪的食物。我超愛培根的。

你會用應用程式或產品來改善自己的晨間習慣嗎？

我不是那種喜歡用應用程式或軟體來解決日常問題的人。我覺得用一些基本又老派的計畫工

1 有關「深度工作」的概念，請見本章末「換你做做看」一節。

具、維持生活紀律就夠了。如果不自律，應用程式也幫不了你。

這只是我個人的看法啦，世界上還是有很多科技狂熱者啊。想想看，美國科幻小說黃金時代的代表人物以撒．艾西莫夫（Isaac Asimov）到底是怎麼在沒有應用程式的年代裡寫出五百本書的？他創造出一套屬於自己的生活模式，然後日復一日地堅持下去。個人習慣到最後都會化為自在、熟悉的日常，變成生活的一部分。

要是你沒有確切實行這套習慣呢？

我會明天再試一次。不要鑽牛角尖，陷入「要嘛不做、要做就做到最好」的極端思維，只要馬上改進、回到正軌就好。

早晨的寂靜是最棒的背景音樂，趕快起床創作吧

陶德．亨利（Todd Henry）
《意外創新》（*The Accidental Creative*，暫譯）作者

你有哪些晨間習慣？

平常日我會在早上六點準時起床，然後喝咖啡（我前一晚會先設定好時間，讓咖啡機自動煮），在家裡的工作室一邊看書，一邊吃一樣的早餐（麥片加冷凍藍莓和一把腰果）。

早上前幾個小時是我的讀書寫作時間。我會坐在書桌前（或工作室的沙發上）看書，同時拿起筆來在筆記本上做筆記、寫評論。接著我會花十五到二十分鐘的時間靜靜地坐著，可能是冥想，可能是思考剛才讀的內容、要怎麼將這些概念運用到生活和工作上，或是寫寫日記。

養成這套習慣多久了？有什麼改變嗎？

十四年了。以前我會想盡辦法狂塞行程、用早上這段時間做一大堆事，後來我發現，只要一大早花短短一個多小時看書、思考，就能達到很好的效果。這個習慣不僅能讓我的大腦動起來，也能

幫助我用正確的態度來看待這一天。現在我有一張每天必做的「日常」清單，其中有些我會留到快中午或午餐後再做，這樣早上才不會那麼趕。

睡前會做些什麼，好讓隔天早上能輕鬆一點？

我會用一張工作計畫表來輔助我規畫與實踐我的生活，上面記錄了我的閱讀情況、關鍵任務，還有每天表現「好」、「不好」與「學習中」的事項。每天晚上我都會坐下來好好計畫第二天的行程，所以工作時我都很清楚自己要做什麼。

你早上最重要的任務是什麼？

我每天早上都會寫作。是每、天、早、上。我堅信一大早這段時間一定要拿來做最重要、最需要創造力的事。

旅行的時候怎麼辦？

旅行的時候，我的晨間習慣會視實際情況而有所改變。我經常出席活動演講，因此我會盡我所能、努力確保活動順利進行，例如讓身體多休息、恢復精力，或是花點時間散散步、促進血液循環等。

願意犧牲一切來換取充足的睡眠

比爾・麥克納博（Bill McNabb）
美國先鋒集團（Vanguard Group）董事長

你有哪些晨間習慣？

我會在清晨五點到五點十五分之間起床，在上班途中買杯咖啡，大約五點四十五分到六點十五分左右就會坐在辦公桌前了。通常我會利用這段時間先快速瀏覽一下新聞、回覆電子郵件（特別是來自歐洲與亞洲同仁的信），然後早上八點準時開會。我上午的行程還蠻滿的。

養成這套習慣多久了？有什麼改變嗎？

過去三十多年來，這套習慣大概只有三十分鐘左右的變化。二〇〇八年成為先鋒集團總裁（二〇一八年初卸任）後，我就開始調整作息，早上提早大約半小時進公司，讓自己能有多一點時間準備。除此之外，其他習慣從我一九八六年加入先鋒集團後就一直差不多，沒什麼變。

你都幾點上床睡覺？

通常都是晚上九點到十點之間。

睡前會做些什麼，好讓隔天早上能輕鬆一點？

我會確認自己已經把電子郵件看完了，這樣隔天早上才能迅速投入工作。另外我也會讀一些跟工作無關的東西來放鬆身心。

你有晨間運動的習慣嗎？

運動是我日常行程中非常重要的一環，我會試著利用中午的時間運動、每週運動三到四次。假如因為會議或旅行等外部因素導致中午沒時間運動，我就會改成早上運動。出門旅行的時候，我會帶上跳繩和TRX懸掛式健身訓練帶，這樣就能利用晨間時光鍛鍊身體。如果剛好有健身房、而且有氧訓練器材一應俱全的話，我會跳上划船機好好練一練。

你早上最重要的任務是什麼？

早上六點到七點半這段寧靜的時光是我工作效率最高、成果最好的時候。我會利用這段時間好好閱讀、仔細思考，準備面對接下來一整天的挑戰。我很珍惜、也很努力為自己保留這個黃金時段。

要是你沒有確切實行這套習慣呢？

很簡單，三個字，爛透了。如果我沒有確切實行這套習慣，通常都是因為睡眠不足的關係。熬夜就表示我隔天會睡過頭，只能直接到辦公室開會。這種情況會引發骨牌效應，讓我的早晨寧靜時光、午餐時間和運動時間全都擠在一起。

不過老實說，我願意犧牲一切甚至放棄那些晨間習慣，來換取充足的睡眠。

擺脫「戰或逃」的行為模式，就能大幅提升生產力

馬修・威瑟利─懷特（Matthew Weatherley-White）
美國投資集團 CAPROCK 共同創辦人暨董事總經理

你有哪些晨間習慣？

我還滿幸運的，因為我不用靠鬧鐘就能醒來，所以我每天早上起床的時間都不一樣。假如我有魔杖、可以給全世界的人一份禮物的話，我一定會讓大家都有自然醒的能力，不必仰賴討厭又吵個沒完的嗶嗶聲。那種眼睛自然而然睜開的感覺真的很棒，看出去的世界簡直一片美好。

我是個百分之百的晨型人。不需任何協助，我能自己在早上六點半前起床，幾乎不曾睡過頭，而且醒來的速度很快。漫長又緩慢的早晨不是我的風格。起床的那一刻，我就完全投入、渾身是勁。

我會一邊煮開水，一邊在腦中把一日行程預想過一遍、檢查行事曆，然後快速瀏覽簡訊和電子郵件，確認昨晚睡覺時沒有冒出什麼緊急事件。接著我會泡茶或咖啡、吃早餐，然後進入長達四小時、我稱之為「白色空間」的工作狀態。我的行事曆上一定會保留平日早上八點到中午十二點這段時間，而這也是只有我才有權支配的時間，不管是拿來寫作、研究企業發展、安排董事會議或健身

鍛鍊都好。這就是我把意向感與控制感帶進一個原本被動的工作環境的方式，也是我能在不強加太多「安排」的情況下妥善安排早晨的原因。

睡前會做些什麼，好讓隔天早上能輕鬆一點？

我睡前唯一做的（而且不是每天晚上都做）就是大略列出未來需要完成的任務或目標，但通常我第二天早上起來也不會再看這張清單。

你有晨間運動的習慣嗎？

我每天早上幾乎都會運動。說到運動，我的興趣很廣，跑步、騎單車、滑雪、瑜伽、攀岩、阻力訓練、衝浪、划船……幾乎什麼都做，真的，視當下的環境而定。

運動就是我的冥想，也是我的生活基石。對我來說，運動不是外在的身體鍛鍊，而是內在的心靈鍛鍊，是一種能帶來平靜、能量與專注力，讓自我得以迎接未來的方式。

你會用應用程式或產品來改善自己的晨間習慣嗎？

沒有。事實上，我會盡量少在早上這段時間使用科技產品。就算我在其他時候確實享受到科技所帶來的好處，但我的生活不需要多餘的科技元素。

你早上最重要的任務是什麼？

真有趣，我從來沒有把這件事當成任務，不過我每天早上最重要的就是要避免急迫感吞噬內心，讓自己保持鎮定。我經常發現自己陷入高速旋轉的急迫性循環，那是一種發自內在的恐慌，感覺不管我再怎麼努力控制，待辦清單還是不斷增加。但是我很久以前就知道（雖然偶爾還是會忘記啦），這種急迫感幾乎都是幻覺。當我沒有被急迫感控制的時候，我的生產力就會比較高。

我記得幾年前在一本有關名廚湯瑪斯．凱勒（Thomas Keller）的書裡讀到一段文字，作者對凱勒旗下知名餐廳「法式洗衣坊」（French Laundry）裡的平靜氛圍大感驚訝，心想，廚師們怎麼有辦法在這麼平和的環境裡，以這麼嚴謹的高水準創造出這麼美味的佳餚？諷刺的是，平靜的氛圍正是餐廳生產力豐沛的原因，這表示大廚徹底掌控了當下的任務。這種掌握平靜的感受就是我努力的目標，有幾次我還真的成功了呢。

史蒂芬・柯維的「時間管理矩陣」

史蒂芬・柯維（Stephen Covey）在《與成功有約：高效能人士的七個習慣》（*The 7 Habits of Highly Effective People*）一書中提出了「時間管理矩陣」（Time Management Matrix）的概念，強調「要事第一，而非急事第一」，正如馬修在訪談中分享的一樣。

第一類 重要 急迫	第二類 重要 不急迫
第三類 急迫 不重要	第四類 不急迫 不重要

柯維說：「有效管理第一類項目的唯一方法，就是投入大量時間與注意力處理第二類項目……（同時）為了要有時間事先處理第二類項目，就只能捨棄第三與第四類項目。雖然第一類項目會因為你花比較多時間避免和準備第二類項目而減少，但你絕對不能忽略這些重要又急迫的事。」因此，一旦選擇冷靜判斷、不讓急迫性掌控全局，你就能慢慢提升自己的效率與生產力。

換你做做看

「無論當天是要寫作、設計或畫畫，都要從持續練習、實踐晨間習慣開始。」

——艾兒・露娜（Elle Luna），藝術家、作家

通常早上是我們精神最好、活力最充沛的時候，因此，看到許多成功人士利用起床後前幾個小時盡可能地提升自我專注力與生產力，我們完全不意外。

這種習慣會隨著時間變得越來越重要。插畫家與作家馬斯・多利安（Mars Dorian）就說：「近幾年來，我的晨間習慣變得更緊湊、目標也更明確。年紀越大，我就越不想浪費時間。」神經科學博士達雅・羅斯（Darya Rose）也說：「早晨會讓大腦做好準備，決定接下來一整天的運作模式。你想變得容易分心，像無頭蒼蠅一樣在一大堆事情間繞來繞去？還是想集中精神，有意識、有目的地選擇自己要做的事？我個人比較喜歡後者，因為這樣我才能完成更多事、端出更好的成果，而且在那種狀態下，我的壓力會減少，態度也更為積極。所以我會盡量讓早晨時光保持簡單、井然有序。」

當然，不要為了這段高專注力與高生產力的時間而犧牲自己的家庭。找到個人內在的平衡非常

重要。無論是在家或是旅行途中，與家人一起享受平靜的早晨都能提供你所需的燃料，讓你一整天工作更有效率。用美國華盛頓州檢察長鮑伯·佛格森（Bob Ferguson）的話來說：「我希望孩子每天都能有個好的開始……晚點上班、晚點開會或晚點做其他事都很簡單，但我無法保證自己晚一點一定有時間陪他們，所以我想把早上這段時間留給我的孩子。」

請嘗試以下五項練習，看看你能不能變得更專注、更有生產力：

擬定待辦清單，確實完成所有待辦事項

「擬定待辦清單，確實完成所有待辦事項」是提升整體專注力與生產力的第一步。建議你可以在當天下班或工作結束後（更多相關內容請看第五章）將隔天的待辦事項寫下來（用紙筆或數位方式記錄都可以），這樣第二天坐下來開始工作那一刻，你手邊就會有完整的待辦清單。

這個方法能有效減輕「決策疲勞」[2]，因為你知道這一天該做什麼，不會像以前一樣容易分心、繞著一大堆不重要的事情打轉。制定待辦清單能釋放你的心，讓你不再為了重要任務煩憂，寫下來就表示你隔天一定會記得（去做）。傑瑞米·佛戈法官在訪談中告訴我們，他每天早上都會「仔細思考哪些是真的必須完成的正事（而不是一大堆占用時間的瑣事），以及要怎麼做才能做到最好」。

2 有關「決策疲勞」的詳細內容，請看第三章。

我們很鼓勵你用這張清單來釐清工作，並將其轉化為自我動力，但是千萬不要讓清單滿到超出個人負荷，導致最後累癱，什麼事都沒做。清單上只要列出五到六個項目就好，除此之外，你可以穿插幾個比較輕鬆簡單的工作，讓自己淺嚐一下勝利的滋味、享受完成任務的成就感，這種感覺非常關鍵，絕對不可小覷。若你發現自己無法在一天內完成三件事，那就減少項目，就算清單上只有一件重要事項也沒關係，完全不嫌少。

假如你在工作時突然想到新的待辦事項，除非這些任務非常緊急、一定要在當下立刻完成（不過通常都不是啦），否則就另列一張清單（也就是「暫存清單」），這樣你在寫隔天的待辦清單時，就可以把當天尚未完成的任務及暫存清單裡的項目列進去。

如果沒有提前擬好待辦清單也沒關係，早上上班或工作前寫就可以了。不過一般來說還是在下班或工作結束後擬定比較好，這樣隔天一早就能馬上進入狀態。

先做最重要的工作

待辦清單上的項目一定要排出優先順序，不然沒什麼用（除非你是個自動自發、紀律超嚴謹的人）。抓完順序後，記得，先做最重要的工作。

每個人都有過這種經驗：明知道自己手上有一、兩件應該要完成的事，最後卻選擇其他比較簡單的事來做，這種情況我們稱之為「積極拖延」（positive procrastination）。如果只是偶爾發生，的確能創造出一定程度的成果和價值，但如果想讓待辦清單發揮正確的功效，一定要先做最重要的工作。

現在你已經知道最重要的工作是什麼了。實際上做起來可能不太輕鬆，不過一旦跨出第一步，著手處理那些很想做、卻一直延宕的事（例如需要全神貫注才能好好完成的工作），或許你會發現過程非常有趣，甚至很享受也說不定。

喬治城大學電腦科學系副教授卡爾・紐波特（Cal Newporter）在他二〇一六年出版的《Deep Work深度工作力》（*Deep Work*）一書中將「深度工作」定義為：「在不分心的狀態下進行專業活動。這種專注可以把認知能力推向極限，而這些努力可以創造新價值、改善自身技術，讓他人難以模仿。」相反的，「淺薄工作」則是：「往往在分心狀態中執行且無需高認知能力的後勤類工作，這些努力通常無法創造出多少新價值，他人也很容易模仿。」

這就是你的首要任務。用簡單一點的話說，就是把早上這段時間拿來思考工作，其他枝微末節的小事留到下午再做吧。

不要一大早查看電子郵件

大部分的人一大早就打開電子信箱或登入社群網站，然而這種行為會嚴重削弱個人的晨間生產力。

「起床後立刻查看電子郵件」表示你用當天的現實來喚醒自己，這種方式會讓大腦承受極大的壓力，導致你態度消極（而非積極），因為你決定先去承擔他人的需求，而非處理自己的需求。正如企業家兼作家朱利安．史密斯（Julien Smith）所說：「（一早起來就）看電子郵件，然後其他什麼事都沒辦法做的感覺真的很討厭。」

不看電子郵件與社群網站能讓你更容易掌控自己的思緒。假如生活中需要一點紀律，可以移除社交軟體、關閉手機通知，或至少設定隱藏，不要讓這些訊息（及其他應用程式）跳出來、顯示在鎖定螢幕上；這樣一來，你就必須先認真完成手上的工作才能悠閒地滑手機、做其他事。要是這些方法全都沒用，那就在早上生產力最高的這段時間把手機放到別的房間吧。

> 「說到電子郵件，最糟糕的反應就是『回信』，因為接下來只會你一封、我一封，沒完沒了。」
>
> ——史考特．亞當斯（Scott Adams），超人氣漫畫《呆伯特》（*Dilbert*）創作者

打開電子信箱的那一刻，你就進入了被動反應模式，開始處理他人的需求與計畫，而非完成自己的工作，無論你是受雇員工或自行創業都一樣。千萬不要讓任何人（老闆除外）阻礙你和當天所需執行的任務；至於其他的事，都是別人的問題。

你可以視工作環境的嚴苛程度適當調整這個方法，以確保自己能在早上掌握重要訊息、無所遺漏，同時減少查看電子郵件的頻率（搞不好你晚一點回覆，問題就自行解決了。）關於這種情況，軟體工程師與多元化支持者崔西．周（Tracy Chou）提出了一個絕佳的應對策略：「我會一大早查

看電子郵件，但我只會回覆那些用一、兩句話就能快速解決的信。」——

早上一定要保持積極主動的態度，不要陷入消極被動的漩渦。畢竟你可能一直到死都還是會收到電子郵件。

排除晨間會議與電話聯繫

如果你發現工作時間經常被一大堆會議吞噬，請試著與相關人士或部門協調討論，減少參加會議的次數。你可試著展現決心說服老闆，表示自己一定會好好利用會議的時間努力工作，說不定他們就會允許你缺席一些比較不重要的會議（請把這件事視為長遠的目標，逐步減少參與會議的次數）。

雖然實踐這個方法的可能性與成功率取決於個人的職業、工作內容及資深程度，但我們還是建議你盡量試著把晨間會議與電話聯繫的次數降到最低。

「執掌派拉蒙影業那段期間，我幾乎每天早上八點半都要開早餐會議。離開派拉蒙兩年後，我就不再每天安排早餐會議了。」

——雪莉．蘭辛（Sherry Lansing），好萊塢史上第一位領導電影製片公司的女性

假如早上是你生產力最高的時段，那把這些寶貴時光浪費在開會與電話聯繫上真的很沒道理，

而且老實說這些事通常也不需要你火力全開、發揮百分之百的實力去做。作家蘿拉．范德康（Laura Vanderkam）就說：「安排日常行程時，我會把早上的時間空下來，讓自己好好專心，等到上午十點半後才開始用電話。雖然有時還是會破功，但我試著盡量堅守這項原則。」

若你的職位角色可以對他人需求設下界限，請清楚表示自己每天方便的會議與電話時段為午餐時間前、接近中午這段時間，或午餐時間後的下午一點到兩點，同時確保他人尊重這些界限（若是與他人共用行事曆，可以把早上的時段標記為「已安排」），只有在非常例外的特殊情況下才能打破這項原則。

化大目標為小目標

也許你有聽過「要怎麼吃掉一頭大象？一次一小口慢慢吃」的說法（類似「九層之臺，起於累土；千里之行，始於足下」，亦即所有遠大的成就都是從細微的小事開始的）。雖然我們建議早上還是吃清淡一點比較好，但如果你想好好運用晨間時光來完成最重要的工作，一定要把這句話聽進去。

沒有人能一頭栽進遠大又充滿野心的驚人計畫，同時又期待自己能立刻攻頂、達成所有預先設想的目標。這種大規模的工作不僅需要妥善控管、掌握進度，也需要拆解成多個小任務，也就是「一次一小口慢慢吃」。如果你想在早上（也就是日常生活中的責任開始步步進逼前）完成最重要的工作，請將它化為一個個可行的小目標，然後再著手處理，因為這些小目標不僅容易上手，也很容易完成。

反向操作

要是早上偏偏不是你生產力最高的時候，而且不管再怎麼努力都一樣，那該怎麼辦呢？

作家克里斯・古利博（Chris Guillebeau）說：「自己的習慣就是最好的習慣。像我都在早上看電子郵件，而且晚點才會運動。如果有人提倡相反的做法，那也很好，但我認為大家都應該要找到最適合自己的方式，而非一味模仿別人。」想找到最適合自己的方法，一定要睜大眼睛、拿出實驗精神，嘗試一下截然不同的工作模式，並觀察一、兩個星期，接著再轉換跑道，而採取新的模式後也同樣要堅持一段時間，看看成效如何再做定奪。

如果你下午、甚至是晚上的工作效率比較高、成果也比較好的話，可以把上述建議全都顛倒過來、反向操作，也就是在早上這段生產力低落的時間處理電子郵件、行政工作與枝微末節的小事，將生產力最高的時段留給最重要的任務。

如果因為工作的關係必須一大早就查看電子郵件，這點完全可以理解，再說我們也不想提出什麼會害你被炒魷魚的建議。在這種情況下，你可以採取中庸的方式，在工作時過濾電子郵件，好讓自己能妥善掌握、了解當天有哪些必須處理的事項，接著投入最重要的工作，每隔一小時（或你方便的時間）就看一下信箱，這樣你就能即時回覆緊急或重要的訊息。

職場心理學教練與專家梅樂蒂・威爾汀（Melody Wilding）表示：「大多數人都知道自己在特

定時段的生產力比較高，但重要的是你有沒有能力找出這些時段，並據此調整自身的行程計畫。好好注意一下自己何時最有工作效率吧。」

第三章
晨間運動

晨間運動到底適不適合你？

史蒂夫真的把晨間運動提升到另一個層次了

雖然大家都知道要多運動、吃得健康一點、不要久坐，但很多人都很難養成規律的運動習慣，更別說在忙碌的生活中挪出一點時間健身了。

想感受到持續運動的好處，不必每天早上花兩個小時上健身房。事實上，不如試著先從簡單輕鬆且短時間就可完成的練習開始，增加成功率，讓我們得以堅持下去，培養出長期的習慣。

這一章我們要看看美國陸軍退役四星上將史丹利．麥克里斯托將軍在美國與駐紮於伊拉克和阿富汗時的運動習慣差異；奧運選手蕾貝卡．索尼對於晨跑、晨泳與槳板運動的熱情；美國有機食品公司 Clif Bar & Company 執行長凱文．克里利（Kevin Cleary）過去十九年來每週記錄、追蹤個人運動模式的原因，以及其他人的經驗分享。

再忙也要起床做運動！即使清晨四點起床我也甘之如飴

史丹利・麥克里斯托將軍
美國退役陸軍四星上將

你有哪些晨間習慣？

我的習慣會變來變去，所以我講一個大致的輪廓好了。通常我會在凌晨四點起床、刮鬍子，接著出門運動大約一個半小時，回家花四到五分鐘的時間洗澡，休息一下，然後再去辦公室上班。

養成這套習慣多久了？有什麼改變嗎？

我有一段時間只專注在跑步上。早上起床後我會跑同樣的距離，每週跑七天。這種模式有點瘋狂，隨著年紀越來越大，我開始意識到自己最好調整一下運動習慣，所以就改成一天跑步、一天重訓。我發現這種輪流鍛鍊的方法比較平衡，身體比較不會那麼容易受傷。

駐伊拉克與阿富汗那段期間，我會把晨間習慣劃分成兩個部分，但實際的內容和平常差不多。早上起床後我會花一個小時跑步之類的，等到當天勤務結束後，我會在就寢前去健身房用交叉訓練機鍛鍊肌群。由於我們在伊拉克必須整夜執勤待命，所以大概要到早上六點、天空破曉時才能睡；通常我會睡到早上十點，然後再開始運動。

你都幾點上床睡覺？

我不太好意思說……大概是晚上八點半到九點之間吧。我和我太太都覺得很好笑，因為我們早在七點半就上床準備睡覺了。

睡前會做些什麼，好讓隔天早上能輕鬆一點？

我是個很有組織又很有條理的人。我的晨間模式就是早上起床後走進臥室旁邊的浴室，裡面已經放了跑步要穿的運動服，喔，我還有一個鞋櫃是專門放慢跑鞋的，總之我會把需要的一切全都準備好，這樣就能快速換裝出門。東西該放哪裡就放哪裡。如果你把運動變得很麻煩，那就容易半途而廢。你必須試著轉換心態、不要抗拒，同時把運動這件事變得簡單一點，而不是連做都沒做就直接放棄。

你是靠鬧鐘起床的嗎？

我會設鬧鐘，但我通常都在鬧鐘響之前就醒來了，所以我會直接把鬧鐘按掉。

起床後大約多久才吃早餐？

沒運動就吃吃喝喝會讓我覺得很難受，所以我會等到運動完再喝點水或冰涼的飲料，工作時則是喝咖啡。一般我只會吃晚餐，其他時間不會進食，如果白天身體要我「吃點東西」的話，我還是會吃，但大多時候我都會等到晚餐時間再吃，這樣我會覺得比較舒服，畢竟我的身體已經習慣了，晚餐前進食反而會讓我的腦袋昏昏沉沉、精神不濟。

你可以詳述一下你的運動習慣嗎？

我每天都會運動，有時跑步、有時鍛鍊核心肌群，而且從不間斷。如果是跑步日的話，起床後我會單跑一個多小時，其他非跑步日的時間我會做四組伏地挺身，接著花大約六十分鐘進行高強度的核心基礎運動。除此之外，我也會做很多仰臥起坐。我之前動過兩次背部手術，仰臥起坐能幫助我鍛鍊背肌，讓身體變得更強健。

你的伴侶會怎麼配合、融入你的晨間習慣？

我太太也很愛運動。我運動完回家大概是早上六點到六點半左右，她會在這個時候起床出門跑步，跑完回來後再去健身房。我們兩人都有自己的生活習慣，不會干涉對方。

你在週末時也會實行這套習慣嗎？

週末時我和我太太會在同一時間出門跑步，但我們不會一起跑，而是各跑各的路線，然後約在離我們家三個街區外一間賣貝果和咖啡的小店碰面。

我的兒子、女婿和兩個小孫女就住在我們家旁邊，所以每個週末我們都會在這間貝果店聚會（我和我太太是各自運動完後在這裡碰面，他們則是帶著孩子慢慢晃過來），一起享受早晨時光。

旅行的時候怎麼辦？

我經常旅行，有時會在半夜抵達目的地，有時甚至更晚。時差對我造成很大的影響，但無論如何我還是會堅持自己的習慣，即使少睡也沒差，因為我發現，只要盡可能確切實行這套習慣，我的身心靈就能維持在一個好的狀態。我大概已經堅持了三十五到四十年了。

你在《美軍四星上將教你打造黃金團隊》（*Team of Teams*）一書中提到「限制性因素」（limiting factor，或稱 limfac）這個概念，你的晨間習慣中有什麼限制性因素嗎？要是你沒有確切實行這套習慣呢？

通常都是我無法掌控的事，例如出門旅行，或是客戶想約早上六點半吃早餐等等。最後我學到了一件事，就是凌晨三點半起床運動，之後要付出什麼代價再說。

如果沒有實行這套晨間習慣，我的心情就會受到影響，還會一直看著時鐘、想辦法擠出運動時間。我的身體已經被訓練到在特定的時間做特定的事，如果沒做，我就會渾身不對勁，身體也會覺得不舒服。

就你豐富的軍事背景來看，有沒有什麼活動是讀者應該嘗試一下、加入晨間習慣的？

你也知道，通常我們都會做自己想做和喜歡做的事。我記得剛進西點軍校的時候，他們會要你做伏地挺身，當時我沒辦法達成目標、做到自己應做的次數，所以現在我每隔幾天就會做伏地挺身，就像吃健康食物攝取營養一樣，讓自己變得更強壯。我的建議是，找出那些明知道自己該做、不喜歡做或找藉口逃避的事，然後天天或每隔幾天做，這樣就會養成習慣了。

消除早晨的決策疲勞，就是寵愛自己最好的方式

蕾貝卡・索尼
美國游泳選手、奧運三金得主

你有哪些晨間習慣？

我大約早上五點半起床，起床後會做幾輪深呼吸讓自己清醒，喝大量開水，然後一邊換衣服，一邊陪小貓小狗玩，接著到工作室坐下來冥想十分鐘。

通常我會用運動展開新的一天，例如跑步、游泳、槳板運動或瑜伽等，能在坐下來工作前活動筋骨、喚醒身體的感覺真的很棒。運動完後我會立刻吃早餐、喝咖啡，而且盡量讓自己專心吃，不要一心多用，避免同時看電腦或滑手機，不過目前還在努力中，這算是理想目標啦。

養成這套習慣多久了？有什麼改變嗎？

應該有好幾年了。大部分時間我都會盡可能實踐當天的晨間習慣。雖然內容不時有所改變，但最基本的原則不變，也就是早起、保持平衡與專注、運動和工作。

睡前會做些什麼，好讓隔天早上能輕鬆一點？

我會在睡前安排好隔天的計畫。身為一個在家工作的企業家，我每天都必須做出很多小決定，我發現事先計畫能幫助我整理思緒、避免在第二天早上陷入「決策疲勞」的狀態。如果要早起運動的話，我也會在睡前準備好運動要穿的衣服。

你早上起床後會先喝什麼？在什麼時候喝？

水。在我的腳碰到地板前就會喝了。

你在週末時也會實行這套習慣嗎？

會，不過運動時間通常會拉長一點。

要是你沒有確切實行這套習慣呢？

我不會因此感到失敗。我每天早上都很努力、也很盡力堅持這套習慣。如果沒有確切實行的話，我可能會覺得有點散漫，但這也會變成我的動力，告訴自己明天一定要好好完成。早晨是我一天中最喜歡的時刻，我好愛那種充滿可能性的感覺。擁有一套讓自己一大早就能跨出正確第一步的習慣真的很棒。

什麼是決策疲勞？

「決策疲勞」（decision fatigue）一般指的是個體在日常生活中要面對大大小小的選擇太多，導致身心不堪負荷，進而削弱了我們做決策（精準的說，應該是關鍵重大決策）的能力。我們每個人不時都會遇上類似的情況，產生這種有害的負面心理狀態。

生活中充斥著許多決策疲勞所帶來的影響，其中最常援引的例子就是相較於下午，法官通常會在上午做出比較仁慈寬厚的判決。正如《紐約時報》專欄作家約翰・堤爾尼（John Tierney）對以色列某個特定假釋委員會的描述：「出席上午審查會議的受刑人有百分之七十獲得假釋，出席下午審查會議的受刑人則有百分之六十獲得假釋。」接著堤爾尼將焦點轉向疲憊的法官：「不予假釋似乎是比較簡單的決定，因為這個決定不但能維持現狀、排除該受刑人假釋後再犯的風險，也能讓法官保有退路，亦即在該受刑人繼續留監服刑的狀態下保留未來准予假釋的機會。」

這也是為什麼幾乎全世界的商店都會在結帳櫃檯旁擺放零嘴與糖果的原因。店家就是看準了決策疲勞的影響；我們在購物過程中做了一大堆小決定（例如要買哪個牌子的罐頭辣椒或早餐穀片），到了結帳的時候，意志力已經大幅下降，所以一邊排隊、一邊把巧克力棒丟進購物籃裡的機率也會比較高。

減輕早晨決策疲勞的典型方法有很多，包含前一晚先計畫好隔天的行程（如蕾貝卡的分享），以及每天穿「制服」工作（前蘋果執行長賈伯斯、臉書執行長馬克・祖克柏與美國前總統歐巴馬都讓這種方法蔚為流行）等等。總而言之，早上要做的非重要決策越少，就能有更多能量來面對接下來一整天該做的重大決策。

運動習慣如同第二份工作，和真正的工作一樣重要

雪莉・蘭辛

前二十世紀福斯電影公司（20th Century Fox）總裁、前派拉蒙影業（Paramount）董事長（好萊塢史上第一位領導電影製片公司的女性）

你有哪些晨間習慣？

除非要非常早起，否則我最晚會在早上七點半到八點之間起床，起床後就立刻打電話聯絡辦公室、查看電子郵件。我會一邊吃早餐，一邊處理昨天晚上沒做完的事或待辦清單上的項目。每天早上我都會收到《紐約時報》、《洛杉磯時報》（*Los Angeles Times*）、《華爾街日報》（*Wall Street Journal*）和《金融時報》（*Financial Times*）四份實體報紙（我和我先生兩人老是為了誰先看某份報紙的某個版面而搶來搶去，我們開玩笑說，應該每種報紙都訂兩份才對），我會盡量在運動前利用早餐時間把這些報紙看完。

我每週會運動四天。星期一和星期三做皮拉提斯，星期二和星期四則花五十分鐘跑跑步機、四十分鐘做重訓。要是我說自己一直都有好好運動、從來沒錯過的話，那是騙人的，因為我常常沒

做到，不過我真的很努力保持運動的習慣。

我一週至少要開一、兩次晨間會議，這種時候就沒辦法跑步或是練皮拉提斯。我最想改善的部分就是應該把晨間運動放在優先位置才對，不要一直讓步，因為每次只要有人說「喔，可是我們只有早上九點才能見面」，我就會妥協答應，放棄自己的運動計畫。我竭盡全力想改變這一點，讓運動變成生活中最重要的元素之一，留點時間給自己。

養成這套習慣多久了？有什麼改變嗎？

大概有十年了。執掌派拉蒙影業那段期間，我幾乎每天早上八點半都要開早餐會議，因此所有事都往前推了好幾個小時。我會在早上六點到六點半左右起床，然後一邊跑跑步機、踩健身車，一邊讀劇本或回電給東岸（當時網路和電子郵件沒那麼普遍）。

現在我有比較多時間看喜歡的書，把閱讀當作純粹的消遣。以前我整天忙著讀劇本，完全沒辦法、也沒機會做這件事。

你早上最重要的任務是什麼？

回電子郵件、看報紙和運動。只要早上有運動，我就會精神飽滿、感覺很好。我真的得把運動放在優先位置才行。我向來都會在晨間運動前回覆所有郵件，就算不是很緊急的事也一樣。除非工作處理完、桌面清空，不然我真的無法問心無愧地運動。我總是把自己的責任義務看得比運動還重，我覺得這是個天大的錯誤。我必須把運動看成一場至關重要的會議才對。

要是你沒有確切實行這套習慣呢？

我覺得完全沒關係，畢竟我真的滿常背離這套習慣的。不過現在我的心情很好，因為我過去兩週都有認真運動，一次也沒漏掉。

只要一有空檔能自由運用我都拿來運動

吉莉安・麥可斯（Jillian Michaels）
私人健身教練、電視名人

你有哪些晨間習慣？

我的五歲兒子就是我的鬧鐘。他每天早上六點十分都會把我叫醒、吵著要抱抱，然後我們就會起床去餵動物（兔子、小豬、小狗、小鳥、雞、鴨和魚等等）。對，我真的沒在開玩笑。餵完動物後我們會煮咖啡、做早餐，孩子也準備去上學。我或我的伴侶海蒂會先送他們到學校，接著展開一整天的工作。

養成這套習慣多久了？有什麼改變嗎？

從我們搬到農場至今約有三年了。因為我有小孩，又有很多動物要照顧，所以我的習慣非常固定，也就是孩子和動物優先。

如果我沒有小孩的話，我會在醒來後按下貪睡鍵，快速冥想五分鐘，接著喝咖啡，花十五分鐘的時間看新聞，邊吃早餐邊回電子郵件，然後上健身房運動。但這種模式在過去十三年來比較像純粹的幻想啦。

睡前會做些什麼，好讓隔天早上能輕鬆一點？

我會在睡前把隔天要用的東西準備好，像是替孩子把要穿的衣服拿出來、做午餐，好讓他們可以拿了就走，還有幫動物準備早餐。

你可以詳述一下你的運動習慣嗎？

我只要一有空檔就會運動。我覺得有一套簡單、快速且隨時隨地都能做的運動是很重要的事。

我透過自己開發的應用程式發現大多數人都沒什麼時間健身，也無法隨心所欲地選擇運動時間或安排飲食計畫。我的應用程式不僅能讓你隨時隨地鍛鍊身體，還能依照個人目標、既定時間、體適能強度及可用的設備打造出專屬的運動模式。除此之外，這個應用程式也提供了參考用的飲食計畫，包含簡單、快速的營養食譜和「帶了就走」的飲食選擇，讓你無論再忙，都能有效管理自己的運動和飲食習慣，維持身體健康。

你都在什麼時候查看手機？

我一起床就會看手機。身為老闆，這種情況在所難免。必須搞清楚有沒正在醞釀中的難題是非常重要的，而及時抓出癥結、趁早滅火也會讓人很有成就感。

你的伴侶會怎麼配合、融入你的晨間習慣？

我的伴侶真的是神隊友。我們會分工合作，一起把家事做好。

要是你沒有確切實行這套習慣呢？

對我不會有什麼影響。只要有喝咖啡和吃東西就好了，其他的我都很能適應、也很有彈性。

再忙，也要抽出時間運動

凱文．克里利
美國有機食品公司 Clif Bar & Company 執行長

你有哪些晨間習慣？

我會在早上六點到六點半之間起床，然後立刻運動。我有三個兒子（一個七歲，另一對是九歲的雙胞胎），所以要是沒有好好利用早上這段時間，我不知道接下來一整天還有沒有空檔健身或做其他的事。

養成這套習慣多久了？有什麼改變嗎？

斷斷續續大概有八、九年了，過去四到五年比較積極一點。我一直都很專注在運動這一塊，也很盡力地維持身材，畢竟我在爸爸輩裡算是年紀比較大的。

這套習慣會因為不同時期的計畫而有所改變。二〇一六年，我參加了鐵人三項世界錦標賽（一種三項全能運動），所以當時我做了很多不同類型的混合鍛鍊；幾年前我很幸運地入選參加「美國極限體能王」（American Ninja Warrior）這個闖關節目，因此健身模式也有所調整。唯一不變的是我一直試著維持晨間鍛鍊的習慣，每天早上都讓身體動一動。

睡前會做些什麼，好讓隔天早上能輕鬆一點？

我會在睡前將所有東西準備好，這樣第二天會比較有效率。我會把跑步和騎腳踏車要用的裝備都拿出來，因為這樣我比較不會想太多，也比較有理由起床運動，不會拖拖拉拉。這正是我和我太太不一樣的地方。她屬於自發型的人，想到什麼就做什麼，我則是計畫型的人，不過我們很合，生活也很協調。

另外，因為我早上會做蛋白質奶昔，所以前一晚我會先把所有材料準備好，確認一下冰箱裡有水、家裡有奇亞籽，總之該有的都要有才行。

你是靠鬧鐘起床的嗎？

我會設鬧鐘，不過單純是為了一致性，通常我在鬧鐘響之前就會起床。我不記得上次按貪睡鍵是什麼時候了……我可能會按下去幾秒後就開始想：「起床吧，該動起來啦！」

你可以詳述一下你的運動習慣嗎？

每週日我都會坐下來好好計畫下週的運動（這個習慣已經持續十九年了），運動內容則視我的個人行程、工作和孩子的狀況而定。我每次都會試著找出適合的運動與鍛鍊方法，這樣我才能在心裡想像、勾勒出下週理想的運動計畫。

除此之外，我每週有一、兩天會騎腳踏車去上班，來回大約有七十二公里。

你早上最重要的任務是什麼？

我一進辦公室最重要的任務就是跟助理確認當天的行程，看看有沒有什麼問題？有沒有當天必須處理的新事務？今天能不能按照計畫走？或是我們當下掌握到的情況等等。

跟助理的溝通與聯繫對我來說非常重要。另一件我常做的是聯絡我太太，看看她早上過得怎麼樣、順不順利，還有孩子是不是都去上學了？通常只要沒有騎腳踏車去上班，我都會做早餐給他們吃。處理完這些事後，我會開始巡視公司，確保自己了解公司的情況，並和其他同仁建立連結。

要是你沒有確切實行這套習慣呢？

我會讓自己休息一下，用比較長遠的眼光來省視究竟發生了什麼事。如果我當天稍晚沒時間或沒辦法運動的話，我會告訴自己明後天再補回來。接下來六個月，我和我的身體絕不會錯過任何一天的晨間運動。

從小的游泳訓練讓長大後仍然習慣在凌晨醒來

卡洛琳・柏寇（Caroline Burckle）
美國游泳選手、奧運銅牌得主

你有哪些晨間習慣？

我會在凌晨五點半左右起床，抓一根高蛋白能量棒，然後出門運動，通常是游泳、重量訓練或間歇性跑步訓練。目前我正在進行為期六週的「全面壯大健身計畫」，以下是我的行程表：

週一：長泳、有氧運動
週二：慢速肌力訓練，重點放在臀肌等獨立肌群。
週三：間歇跑步訓練（里程漸減或速度跑，或者兩者皆進行）與爆發力訓練，包含連續性瞬發上博運動、增強式訓練，有時候會再多加一個彈力帶運動。
週四：大量運用臂力游泳，因為我這時已經完全鐵腿了（其實就是恢復期啦）。
週五：慢速肌力訓練（獨立肌群）與八到十三公里左右的山徑越野短跑（步伐輕鬆穩定）。

週六：山徑越野跑或平地跑（長程且路面平坦），或兩者皆進行。

週日：伸展操、滾筒運動等（休息日）。

養成這套習慣多久了？有什麼改變嗎？

一輩子了！我從小就學游泳，這個習慣把我的身體訓練到凌晨就會自動醒來。我每個星期有兩天會「努力」讓自己睡到早上六點半或七點。

你是靠鬧鐘起床的嗎？

對，平常日的時候是，但通常我體內的鬧鐘會在真的鬧鐘響前四分鐘就叫我起床了。

起床後大約多久才吃早餐？

運動前我會吃一根高蛋白能量棒或一些杏仁奶油，運動完我會吃三顆炒蛋、半顆葡萄柚和好吃的高蛋白瑪芬。

你有晨間冥想的習慣嗎？

運動就是我的冥想。我發現中午進行真正的冥想對我來說比較有幫助。我早上的步調很快，所以午餐過後就會進入撞牆期；這時花點時間專注自我、讓身體和心靈休息十分鐘是個很有效的方法。

你的伴侶會怎麼配合、融入你的晨間習慣？

說到這個，我男友真的很棒。他自己也是運動員，所以我們早上都會按照自己的運動計畫進行鍛鍊。另外，我們也會負起照顧對方的責任、彼此支持，逼對方早上多睡一點、確實休息，讓身體有恢復的時間。

旅行的時候怎麼辦？

我是「習慣性動物」，所以對我來說真的困難重重，不過我學會了無論如何都要在旅途中堅持想做的事，因此我會事先打包、把所有東西準備好。盡量模仿自己熟悉的環境固然有用，但適應也是很重要的關鍵。學習適應不但能造就出一個更好（而且更謙虛）的人，也能造就出一個更棒的運動員！

要是沒有確切實行這套習慣怎麼辦？

過去幾個月來我很努力改變心態，讓自己不要太在意。我發現自己之所以會大受影響，全是自找的。無窮無盡的掌控欲到最後只會讓自己身陷禁錮而已。

把「早上五點五十分」想成「還有十分鐘就六點」，這樣起床時間好像就沒那麼可怕了

莎拉・凱瑟琳・貝克（Sarah Kathleen Peck）

作家、長泳選手

你有哪些晨間習慣？

我會依照當週和當天的行程採取不同晨間習慣。我每週有兩、三天會在起床後去游泳或跑步。我的晨間模式一直以來都差不多：會盡量睡滿六到八小時，鬧鐘大約設在早上五點五十分到六點五十分之間（其實講到起床時間，我從來不會想說自己要「五點五十」起床，而是想成「還有十分鐘就六點」或「還有十五分鐘就六點」）。

只要鬧鐘一響（這週是早上六點十八分），我就會立刻醒來、側躺著看手機，接著坐起來看看窗外，然後刷牙、上廁所，吃點酪梨或半根香蕉，把水壺裝滿。我盡量在游泳前喝大量開水，這時通常是早上六點五十分左右。我會游大約三千公尺，游完差不多是早上八點十五分。

不過每週至少有兩天我會讓自己多睡一點。冬天我會開啟冬眠模式，有時會晚上十一點上床睡

覺，一直睡到早上八點二十分。

星期天是我的「放鬆日」，只要不是在旅行、參加重要活動或比賽，我就會賴在床上，想賴多久就賴多久。我喜歡在週日放假時看著太陽緩緩升起、聽著屋外的車流人聲，然後穿上拖鞋悄悄地走進廚房倒杯咖啡；接著我會坐在床上看自己想看的讀物，有時是把《經濟學人》從頭讀到尾，有時是會收集一下我正在鑽研的各大都會格局照與圖片，有時則是看看朋友發的推特和貼文，瀏覽自己喜歡的部落格。

養成這套習慣多久了？有什麼改變嗎？

我養成這套習慣好幾年了。唸大學的時候，我每週有四天會在早上五點二十九分起床進行晨訓，週末則是早上八點到游泳池報到。我覺得現在這套習慣非常寬鬆，但基本內容跟以前差不多，只是沒那麼嚴格了。

你都幾點上床睡覺？

我的睡覺時間也是變來變去的。我大概每週有兩天會因為在工作以外的時間發現靈感、進入狀態，太投入於寫作而熬夜，通常都是在星期五晚上的時候。我不太常出門找樂子（或是說我盡量不要啦），而且我在大學時就養成了一個「週五宅、週六玩」的習慣，因為我們每個週六早上八點都要晨訓。我很喜歡在週五創造出額外五小時的自由時間，這樣我就能好好利用、做自己想做的事。

起床後大約多久才吃早餐？

早上我的腸胃不太能消化麵包類的東西，就連穀片也不太行。我喜歡吃高脂、高蛋白的食物。最愛的早餐是酪梨、蛋和羽衣甘藍，只要吃了這些「超人早餐」，彷彿是大力水手吃菠菜，整個人都壯了起來。

如果晚點要跑步或是進行晨間鍛鍊的話，我會吃好幾根低糖、無麩質且含有優質蛋白質的高蛋白能量棒。基本上我都會選燃燒速度慢、能讓我維持飽足感的食物。

你可以詳述一下你的運動習慣嗎？

一般來說，我的運動習慣包含了許多「組合型鍛鍊」或「結構式循環」。通常我會在不同季節專注於不同的活動，以達成特定的運動目標，例如夏天我會到戶外水域（如海洋、湖泊等）游泳、做相關訓練，有時會跑步或進行半程馬拉松訓練，其他季節則會專注在舞蹈上。我喜歡用三到四個月來完成特定的鍛鍊目標，並依照季節更迭做變化。我體內大概有個高中運動員吧，我太習慣這種區分春季、夏季與秋季運動的模式了，所以直到現在還是用這種方法安排運動計畫。

要是你沒有確切實行這套習慣呢？

我可能會有點迷失方向，但我已經學會怎麼調適、也調適得很好了。我經常旅行，有很多沒睡飽或遇上突發狀況的經驗，不過人生就是這樣，總是會跟我們的期望有點出入，也沒那麼容易預測。

換你做做看

「我每週一、三、五都會去健身房。我只是單純想去、想花十五分鐘的時間運動而已。對我來說，養成習慣比堅持特定的慣例還要重要。」

——大衛・卡達維（David Kadavy），作家與podcast節目主持人

「運動」是好好照顧身體的表現，也是對未來健康的投資；除了正面的生理影響與好處外，我們更應該將運動視為一種能讓人每天早上心情平靜、思緒清明的冥想練習。正如聯想集團（Lenovo）的多元化長（chief diversity officer）尤蘭達・康尼爾斯（Yolanda Conyers）所說，「運動能讓心靈變得更澄澈，讓身體變得更健康」。

晨間運動能讓你在起床後立刻享受這些生理與心理上的好處；無論你當天想做什麼，一大早起床運動都能成為一種觸發的契機與動力，讓你確實完成那些事。不少研究指出，雖然晨間運動與夜間運動有所差異（早餐前運動會讓身體燃燒大量脂肪，而非碳水化合物；晚上則比較適合純粹的肌力訓練），但養成運動習慣的關鍵只有一個，就是選擇自己感覺最好、最方便的時間運動。

「我每週會上健身房三次，花整整一個小時做瑜伽滾輪、伸展操、心肺訓練、重量訓練和體驗肌肉痠痛。」

——戴斯．崔納（Des Traynor），客戶關係管理平臺 Intercom 共同創辦人

增添變化，讓運動更有趣

經常改變鍛鍊內容，保持新鮮感，並按照個人需求進行調整。在華爾街打滾四十年的資深老手、《動就對了！》（*Just Move!*，暫譯）作者詹姆士．P. 歐文（James P. Owen）告訴我們：「年紀越大，我越覺得要讓身體好好休息、好好恢復，這點非常重要。但我又不是喜歡久坐的人，所以我會去外面散步三十分鐘，促進血液循環，晚點再做三十分鐘的伸展操。」

同樣的，史丹利．麥克里斯托將軍也說：「隨著年齡增長，我開始意識到自己最好調整一下運動習慣，所以就改成一天跑步、一天重訓。我發現這種輪流鍛鍊的方法比較平衡，身體比較不會那麼容易受傷。」

應該要每天鍛鍊不同的身體部位，好讓肌肉有時間休息，同時努力堅持自己的運動習慣，不要故態復萌，要讓健身成為有趣又能排解無聊的事。養成晨間運動的習慣固然很好，但內容與動作可以多點變化，不必流於單調死板的例行公事。

做些簡單又不耗時的運動

這點非常重要，特別是在你剛開始培養新習慣的試水溫階段。臉書（Facebook）產品設計副總茱莉．卓（Julie Zhuo）告訴我們，他不會跑來跑去上健身房鍛鍊，而是一大早站上自家的滑步機，做十到十五分鐘的運動；他說：「我想讓運動變得沒什麼壓力，就像刷牙一樣，不是什麼了不起的大事。」

運動的目的在於為體內的發條和齒輪上油、促進血液循環、暖暖身，好讓你一整天都能精神滿滿、保持最佳狀態。不管你想做伏地挺身、深蹲、開合跳或單純站在床邊伸展筋骨都可以，只要記住：有做總比沒做好，就算做得不完美也沒關係。

就從將這些簡單的鍛鍊納入舊有的晨間活動開始吧，例如一邊煮咖啡、一邊練簡單的瑜伽，或是一邊等著用浴室、一邊開合跳等等。

> 「伏地挺身前，我會先做一點輕緩的瑜伽伸展這種不算太激烈的運動，只是單純專注在自己的呼吸和瑜伽流暢優美的動作上……讓我至少有五分鐘的時間能一邊舒展身體，一邊整理思緒、集中精神。」
>
> ——摩根．賈登（Morgan Jaldon），馬拉松選手

前美國海軍特種部隊（又稱海豹部隊）成員布蘭登．韋伯（Brandon Webb）說他每天早上都會先簡單運動一下，做瑜伽伸展外加五十個伏地挺身和仰臥起坐，晚一點再去健身房鍛鍊，即使萬一在外奔波無法去游泳池、健身房或上瑜伽課時，至少早上還是有運動到。

擁抱晨間的汗水與成就感

對很多人來說，不管內心懷有多棒的意圖，只要早上沒運動，那天就不會運動了。一旦生活的步調開始加快，「放下手邊的事去運動」這個念頭似乎不太實際又很不負責任。

「早上運動不但能讓我整天心情愉悅、活力充沛，還帶來了即刻的成就感。對我來說，其中一個最重要的關鍵就是起床後立刻換上慢跑服，這就像預設值一樣，表示我接下來要去運動。不只我的家人這麼想，就連我自己也這麼想。」

——傑克．奈普（Jake Knapp），作家、設計師

一旦敞開心胸擁抱晨間的汗水，你就會明白，無論接下來一整天發生了（或沒發生）什麼事，至少早上都運動到了，而你可以帶著這份優勢展開新的一天。正如使用者經驗設計師兼產品策略師莎拉．杜迪（Sarah Doody）所說：「我可以回憶自己的晨間運動，心想，『今天早上我跑了十六公里，沒什麼是我不能應付的』。」

跑步或許是不錯的入門法

也許你從來不跑步，或是你以前曾經跑過、認為這個運動不適合你，沒關係，我們也不會試著說服你、要你加入跑步的行列（不過下面這些人可能會喔）。

「對我來說，運動是晨間生活至關重要的一部分。我每天都會跟我的狗一起出去散步，或是跑過馬林丘（Marin hillside）。我絕對不能、也不會放棄這個習慣，因為這個習慣能幫助我保持專注、做好準備，迎接一整天的挑戰。」

——卡拉．戈丁（Kara Golding），美國飲品公司 Hint Water 創辦人

跑步或許是不錯的入門法，能讓你邁向更健康的生活模式，甚至有動力設計、創造出一套嶄新的晨間習慣。策略教練亞威爾．克雷格（Arvell Craig）就說：「跑步讓我實現了一直以來嚮往的目標，成為真正的晨型人。」而文字工作者保羅．辛尼卡（Paul Schiernecker）也說：「自從一年前成功戒菸後，我就開始跑步。一開始我連兩公里都跑不完，現在我能跑大約五到八公里了。」

如果可以的話，建議你到公園或其他充滿自然綠意的地方跑，不要在城市街道和跑步機上跑。新鮮空氣對身體很有好處，但最重要的因素還是戶外跑步本身，無論你怎麼跑、跑多久都沒關係，有跑就很棒了。

堅持到底，不要放棄

養成新的運動習慣最簡單的方法，就是堅持到底，不要讓自己有機會中斷或放棄。最經典的防護裝置就是前一晚拿出運動服、打包必要用品，讓一切準備就緒，這樣早上就能立刻出門運動。有關進一步的資訊，請看第五章〈夜間習慣〉。

除此之外，你也可以成立責任制團體（或找伴侶一起）來鼓勵自己運動。牙刷新創公司共同創辦人賽門．恩佛（Simon Enever）就說：「團隊運動很棒，因為你一定要全力以赴，不能讓團隊失望。不像跑步或上健身房這種單人運動，團隊運動讓你不得不去（而且到最後都會很享受那種樂趣）。」同樣的，你也可以問問看身邊的另一半，或許對方能成為那個督促你運動、讓你為自己負責的人。

要是這些方法全都沒用，可以考慮聘請私人教練。專業的教練不僅能幫助你誠實面對自己，也會嚴格督促、要求你突破自我，落實運動習慣；雖然不便宜，但應該會是你這輩子最棒的健康與身體投資。

商業關係與金錢羈絆

責任制團體的意義在於社群關係與榮譽感，這種連結能迫使成員不得不信守承諾，而團體中所蘊含的人情力量也不容小覷。昂貴的健身房會員制也是依循同樣的脈絡，這種典型的商業關係與金錢羈絆之所以能激勵、推動客戶去做原先說好要做的事（運動），是因為不去的話會等於浪費金錢令人心疼。另外還有一些更有效的方法，例如參加要預付訂金以保留學員位置的課程，或是在朋友那邊寄放一筆為數不少的錢，要是你沒有說到做到、認真運動的話，對方就得幫你把那筆錢捐給那些你永遠不會想捐、永遠不想讓自己的名字跟那些人事物扯上關係的個人（討厭的政治人物是個不錯的選擇）或團體機構。

獎勵自己

你可以在運動中或結束後，安排一點獎勵（尤其是在健身房運動的時候）。如果需要一點即時性的激勵才會有動力的話，你可以一邊在健身房跑步、一邊看糟糕的電視節目，把看電視當成一種獎勵（任何有自尊的成年人只有在這種時候才能看莫名其妙的節目，而且不會有人管你，所以要把握機會慎選喔！）；如果是到外面運動，美麗的戶外與大自然本身就是很棒的獎勵了；當然啦，即便如此，運動完後還是可以嚐點甜頭、好好鼓勵自己一下。

反向操作

除非身受重傷、飽受病痛煎熬，或是有健康上的問題，不然我們還是鼓勵你養成運動習慣、努力堅持下去。

這裡的反向操作在於運動的時間點。雖然大多數的成功人士都會運動（截至本書付梓前，受訪者中有百分之七十八的人都有運動的習慣），但運動的時間點卻各有差異，許多人都選擇下午或傍晚時分進行鍛鍊，像比爾・麥克納博就說：「運動是我日常行程中非常重要的一環，我會試著利用中午的時間運動、每週運動三到四次。」

午後運動不僅能讓你有更多精力面對龐大的工作量，也能幫你補充元氣，撐過剩下的上班時間（對那些比較喜歡傍晚或晚上運動的人來說，運動本身也是一天結束的標誌）。如果早晨是你生產力最高、創意最豐富的時段，那當然可以將運動行程延到下午或傍晚，完全沒問題，而且我們也很鼓勵你這麼做，正如記者安・費德曼（Ann Friedman）所分享的：「早上是我生產力最高、思緒最活躍的精神時段；對我來說，早上運動等於是浪費了最佳的寫作時間。」

第四章
晨間冥想

晨間冥想真的能有所助益，讓專注力持續一整天嗎？

我好嫉妒約翰，他的腦袋居然可以完全放空耶

冥想有很多種類型，以下會介紹一些在冥想練習光譜上屬於「高階」的練習法，但本章要談的不止於此。就算你對「每天早上坐著冥想二十分鐘」的概念沒什麼興趣，還是能在世俗的日常生活中找到沉思的好時機，喚醒內心的正念，讓自己一整天保持平靜，擁有滿滿的活力與專注力。

冥想包含了週末以蓮花坐（又稱「跏趺坐」，也就是兩腳交疊盤坐，很多人都會覺得不太舒服）進行靜修、耐心等待茶壺裡的水煮開，以及利用早上的時間陪孩子玩等等。最常見的四種冥想方式如下：

- 引導式冥想（Guided）：當今常見的引導式冥想方法有兩種，一個是在練習過程中聆聽應用程式或音檔等語音節目指引，另一個則是參加冥想或靜修課程，讓專業人士帶著你（或團體）練習、打開心靈。
- 正念冥想（Mindfulness）：正念冥想中最重要的就是你的呼吸和你自己。很多人對冥想的印象都是這種形式。一旦心神開始在正念冥想的過程中遊走，請溫柔地把心拉回來，重新專注在自己的呼吸上。
- 禪坐（Zen/Zazen，靜坐冥想）：禪宗佛教獨特的禪定修習法，一般是以蓮花坐（或單純盤腿）的方式進行冥想。姿勢非常重要，通常禪宗佛教僧侶靜修時都會花十二個小時以上的時間禪坐冥想。
- 超覺靜坐（Transcendental）：簡稱TM（Transcendental Meditation），是一種默念真言的冥

想方式。冥想時要閉上眼睛，在心中默念十五到二十分鐘的真言，一天念兩次。

除了上述四種之外，還有內觀（Vipassanā）冥想、慈悲（Mettā）冥想、自我催眠、禱告及其他較為現代的冥想方式，例如寫日記、跑步和在大自然中散步等。如果你帶著真切的好奇態度想探索冥想的世界，也願意敞開心胸嘗試新的方法、創造新的體驗（但是又不會嚴格過頭，至少一開始不會啦），那你就會敲開這座神祕的大門，感受到跟以前截然不同的心靈頻率。

「就算沒時間做其他的事，我還是會禱告和冥想，因為這是讓我展開美好一天的重要關鍵。」

——麗莎・妮可・貝爾（Lisa Nicole Bell），企業家

這一章我們要看看皮克斯動畫工作室與迪士尼動畫工作室總裁艾德・卡特姆為什麼要在早上專注於自己的呼吸（而且好幾年來從未間斷）；作家、製片人與禪宗佛教僧侶尾關露絲（Ruth Ozeki）的十六小時冥想靜修練習；作家與冥想教師蘇珊・派佛（Susan Piver）讓心靈保持如夢似幻般美好的方法，以及其他人的經驗分享。

隨著角色變換，晨間習慣也跟著調整

尾關露絲
小說家、禪宗佛教僧侶

你有哪些晨間習慣？

我想要一體適用、完美又絕對有效的晨間習慣，一直以來我都在尋找這種理想模式，可惜還沒找到。與此同時，我有幾套不同的習慣，會隨著我當時所處的環境、所扮演的角色與正在做的事而有所改變。

比方說，學年期間我是個要到學校講課的教授，通常我會在早上七點起床，刷牙洗臉、禪坐、煮咖啡，然後花點時間寫寫東西，這時我的重心就會在學校功課、課程計畫、批改作業、師生交流和教學上。

當我以小說家的角色住在遙遠又偏僻的加拿大寧靜灣（Desolation Sound）時，我會在早上八點到九點左右起床，刷牙洗臉、禪坐，然後剩下的時間就拿來寫作。有時我先生奧利佛會幫我把咖啡送到床上，這種時候我就會很隨興，可能先寫寫日記，看著窗外不斷輕咬黃色花叢的野鹿，接著再開始禪坐和寫小說。

當我作為一個禪宗佛教僧侶進入靜修期時，我會在凌晨四點半起床，刷牙洗臉，從早上五點禪坐到晚上九點，然後上床睡覺（有時我會偷偷寫點東西）。

養成這套習慣多久了？有什麼改變嗎？

兩年前我開始在美國麻州的史密斯學院（Smith College）教書，因此「教授模式」算是新的習慣，目前還在修正和調整，其他習慣則養成了好一陣子。

我一直都在觀察、微調自己的習慣。我很相信「霍桑效應」（Hawthorne Effect），一九五八年首次證實了這項心理學實驗成果，發現兩個非常有趣的社會學現象：（一）受試者（本案例中是電子工廠的工人）會單純因為自己是研究對象及自身行為受到觀察而改善自己的表現；（二）當工作環境及條件有所改變時（本案例中是工廠機臺的燈光亮度），新的變動會短暫提升生產力，也就是說，決定性因素在於「改變」這件事本身，而非特定的改變內容。

霍桑效應間接表示（一）在既有習慣中加入新的改變能提升生產力；（二）這種生產力提升的情況是暫時的；（三）不時做點改變是好事。

我把我的生活當成一場觀察實驗，我既是實驗者，也是受試者。我打造出一套習慣、加入改變，然後觀察自己的表現；一旦這項改變的影響消退，我就再調整另一個變項。光是這樣就能一直保持新鮮感，讓生活變得很好玩。

睡前會做些什麼，好讓隔天早上能輕鬆一點？

有時我會在睡前思考一下目前正在處理的問題或創作的作品，隔天早上我會躺在床上再想一次。我發現自己通常會在晚上突然想到一些好點子或解決的辦法。

你是靠鬧鐘起床的嗎？

假如得在特定的時間起床，我就會用手機鬧鐘，同時努力抗拒貪睡模式的誘惑。不過有時我會作很有趣的夢，如果夢到一半就醒來的話，我會按貪睡鍵，好讓自己看看夢境的結局。當然啦，很少成功，不過試一下也無妨嘛，好玩就好。

你可以再多告訴我們一些關於晨間冥想習慣的事嗎？

我會練習禪坐，也就是靜坐冥想。我喜歡利用一大早的時間冥想（奧利佛替我把咖啡送到床上的時候除外），因為我發現最好還是趁著忙碌纏身前練習，這樣比較容易靜下心來，也比較容易坐得住。通常我會禪坐半小時，要是當天有很多事要忙，我就會練習十五到二十分鐘，就算只有十分鐘也比沒有好。有時我會改在晚上禪坐，或是早晚都會禪坐。夜間禪坐也很棒，寧靜、深沉又穩定，跟晨間禪坐的感覺很不一樣。

你早上起床後會先喝什麼？在什麼時候喝？

咖啡。以前我會喝煎茶（一種日本綠茶），但幾年前改喝咖啡了。奧利佛從洛杉磯帶了一個日本陶瓷濾壺回來，還說這比法式壓壺和美國 Melitta 咖啡機更好。我以為他只是在開玩笑，後來我們做了咖啡盲品測驗，結果他說的一點也沒錯。他解釋了一大堆，像是什麼圓錐濾壺的尖嘴設計所含的物理特性、濾杯架內部的螺旋狀結構之類的，細節我都忘了。總之他用我們之前在柏林街上買的德國磨盤式磨豆機自己磨豆子，那是一個頂部有曲柄把手的小木箱，下面有個抽屜收集磨好的咖啡粉。奧利佛親自磨的咖啡真的很棒，而且喝起來比平常還要好喝。

你的伴侶會怎麼配合、融入你的晨間習慣？

通常我們會幫對方煮咖啡，有時會一起做早餐。我們剛開始同居的時候，他是一大早就聽廣播的那種人，但我不是。寫作期間，我喜歡讓自己從半夢半醒的狀態進入禪坐階段，然後直接投入文字創作。我起床後大概要過好幾個小時才能安心地面對現實世界，因此奧利佛現在只讀新聞，不聽廣播。

旅行的時候怎麼辦？

我一直以來都居無定所，沒有一個真正的、實體的家，所以我常常調整習慣以適應當下的環境，有時是美國麻州、有時是紐約、有時是加拿大卑詩省（British Columbia），或是世界各地的飯店。不過禪坐給了我很大的幫助，無論去到哪裡我都會禪坐，這是我唯一不變的習慣。只要能靜坐冥想，我就會覺得自己好像在家一樣。

要是你沒有確切實行這套習慣呢？

我會振作起來，明天再試一次。只要能堅持下去、每天起床，就不算真正的失敗啊，對吧？

還有什麼想補充的嗎？

訪談一開始我說我正在尋找一套一體適用、完美又絕對有效的晨間習慣，不過回答完這些問題後，我發現這根本不可能，而且我現在也不想要什麼理想模式了。我很喜歡我在人生中扮演的每一個角色，喜歡不同角色所帶來的生活模式，也喜歡不斷觀察、調整這些習慣。改變不僅能維持習慣的新鮮感，也讓我的早晨時光變得更有趣。我真的很喜歡這樣。

一定要先處理完腦海中的內在對話才能放鬆

艾德．卡特姆
皮克斯動畫工作室與迪士尼動畫工作室總裁

你有哪些晨間習慣？

起床後我會到樓下煮咖啡。三杯濃縮咖啡加三茶匙的可可粉（天然的那種，不是經過加工處理的鹼性可可粉）和兩包代糖，我聽說這能幫助大腦理清思緒、提升思考能力。我不知道是不是真的，但喝起來還不錯就是了。

我會一邊喝咖啡，一邊看電子郵件，然後讀《紐約時報》、《華爾街日報》和《舊金山紀事報》（*San Francisco Chronicle*），接著查看一下新聞彙整網站，以前我不看這個，不過現在的大眾輿論會一串接一串不停地冒出來，想忽略都很難。

養成這套習慣多久了？有什麼改變嗎？

已經很久很久了。唯一的改變就是行程變得更忙，連帶影響到我的晨間運動計畫。

你是靠鬧鐘起床的嗎？

我會把鬧鐘設在早上五點四十五分到六點十五分左右。我用的是漸進式鬧鐘，一開始鈴聲很輕柔，然後會越來越大聲。通常我在鬧鐘響第一聲時就會起來了，所以不會吵到我太太。如果用那種鈴聲很大聲的鬧鐘，我應該會直接按掉繼續睡。

起床後大約多久才吃早餐？

一般我都喝果昔或吃點穀片當早餐。果昔裡有植物性蛋白粉（我有乳糖不耐症）、杏仁奶、一些冷凍莓果和少許杏仁奶油。

你有晨間運動的習慣嗎？

我一週會到健身房運動三次，每次的內容不盡相同，但基本上都是重量循環訓練。這種運動能讓我在不對膝蓋施加太多壓力的情況下提升心跳率。不知道為什麼，我的膝蓋似乎比其他身體部位還要老。

我住在舊金山，那裡有很多高低起伏的山坡與丘陵地，所以我也很喜歡從斜坡上走下來，然後再跑上去，主要是用前腳掌著地，這樣比較不傷膝蓋。我真的好想趕快看到研發出半月狀軟骨（大腿骨與脛骨之間、提供緩衝的軟骨）替代品的那一天。這塊骨頭既漂亮又簡潔。你可能會想說，醫療專家未來一定會找到適合製作半月形軟骨的材料，嗯，我個人比較希望在我需要換膝蓋或死掉前就能找到啦。

那晨間冥想呢？

我每天運動前都會冥想（而且多年來從未間斷）三十到六十分鐘，通常都是內觀冥想，例如專注在呼吸上等等。「學習讓腦中的聲音安靜」聽起來很簡單，執行上卻很困難，這個練習讓我獲益良多。我學到那個內在的聲音不是我，我也不需要一直回想過去的事，或為未來的計畫煩心。這個祕訣不僅讓我變得更專注，也讓我有能力在對突發事件做出回應前先暫停一下、好好想一想。

不過我得承認，雖然我在冥想過程中專注於呼吸，不時還是會有幾個值得抓住的好點子冒出來，但是如果把焦點轉移到那些靈感上，就會毀了整個冥想，因此我會快速把那些想法記下來，然後徹底放手。「徹底放手」這四個字聽起來有種莫名的吸引力。

要是你沒有確切實行這套習慣呢？

如果接下來有事必須處理或是提早離開，我可能會縮短冥想的時間，但絕對不會放棄冥想。要是沒有運動的話，我的心情就會很糟，不過我多半還是會遵照既定行程、堅持自己的習慣。

在繁忙喧鬧的一天開始之前，利用早晨時光好好撫平內心的波動

艾絲特．加斯達（Aiste Gazdar）
英國柯芬園創意蔬食餐廳 Wild Food Café 創辦人

你有哪些晨間習慣？

我會在凌晨四點到六點間起床，通常大概是五點。我會設鬧鐘以防萬一，不過我一般都在鬧鐘響之前就醒來了。從睜開眼睛到完全清醒跳下床這段時間對我來說非常重要。我會告訴自己「我醒了」，不只是我的身體，就連我的心靈、情感和精神也都醒了。我會做點伸展操、從頭到腳拉拉筋，深呼吸，最後離開床鋪。

起床後我會到浴室用冷水刺激感官，讓自己完全清醒、進入狀態。接著我會練習「馬雅瑜伽」（Mayan Yoga），這是一種源自南美洲的古老運動，可以有意識地伸展、移動並刺激大腦和心臟，確保體內的能量和諧地流動，過程中包含了慢慢伸展、一些劇烈動作和舒緩放鬆。做完馬雅瑜伽後，我會做一套拜日式瑜伽，然後用短短的冥想和禱告收尾。

如果不急著出門的話，我會利用剩下的時間研究與工作無關的事物，直到早上八、九點為止。

所謂「與工作無關的事物」大多是我很有興趣卻一直沒時間學習或接觸的東西，例如玩樂器、看非小說類的書、研究星座或是到大自然走走。

養成這套習慣多久了？有什麼改變嗎？

我花了很長一段時間才鼓起勇氣、培養紀律、做出承諾，好好遵守這套習慣。這套習慣是我一生的轉捩點。

以前早上我都會賴床，大多是因為我的大腦把「早起」這件事連結到責任、學校、義務、一連串工作和其他完全讓我提不起勁的事，直到前幾個月我接收到一則非常強烈的「改變」訊息，我開始特意重組生活，讓早起不再是為了什麼義務，於是我愛上了早起。「早起」不僅傳遞了非常重要的訊息給我，也……如果聽起來不會太瘋的話，傳遞給整個宇宙：「嘿，我在這裡。在早晨第一道曙光中清醒、警醒、保持覺知，準備好自己。」我發現晨間早起和清醒的意識能帶來豐沛的力量、能量、朝氣、清晰的思緒、內在覺知與專注力，這些是夜間無法企及的境界。

對我來說，早上給自己一點時間、照顧與關注真的很重要，因為這不僅能大幅降低我的壓力指數，還能不斷提升執行力、洞察力和行動力。

你有晨間冥想的習慣嗎？

晨間冥想大概是我每天最重要的活動。我把冥想當成替今天「鋪好床」。無論面臨什麼樣的外在困境或內在掙扎，冥想都是一個能從意識覺知層次上處理問題的好機會，而且無需思考或行動，只要全神貫注、充分感知到自我存在的深度、廣度與豐富。就算我當下對未來一無所知，一旦進入這種狀態，一切都會逐漸明朗、水到渠成。

在冥想前看電子郵件就跟在睡覺前喝雙倍濃縮咖啡沒兩樣

達雅・羅斯
神經科學博士、《享食享瘦》（*Foodist*，暫譯）作者

你有哪些晨間習慣？

我很幸運可以在家工作，所以沒有通勤的問題。

通常我都會在日出時自然醒，然後喝杯咖啡、吃什錦穀片加肉桂和熱的無糖大麻籽奶當早餐。如果可以的話，我會在早餐後冥想三十分鐘，接著再看電子郵件。我從來不在早餐前開電子信箱，因為電子郵件很容易就會滲透日常生活、造成壓力。我意識到，除非自己當下真的能做點什麼（例如要用手機寄重要文件比較麻煩，我就會等到開電腦後再寄），不然看電子郵件完全沒意義。只要看到當下無法處理的信，我就會一直惦記著那些信，直到有所行動後才能真正放下。這點我憑直覺就知道了，開始冥想後，這種感知也變得越來越清晰。

冥想過程中，你會試著專注在像是呼吸等單一事物上，一旦冒出其他想法，只要察覺它、放下它就好。我注意到，假如我在冥想前查看電子郵件，就會很難專注在呼吸上，腦海中也會不斷冒出

剛才在信箱裡看到的責任義務，進而對心神造成很大的干擾。從那之後我就知道，還是先讓自己集中精神、保持專注，晚點再處理電子郵件比較好。

養成這套習慣多久了？有什麼改變？

我的冥想習慣已經持續四到五個月了。冥想對我的專注力與整體健康造成很大的影響，讓我覺得身心不再像從前那麼疲憊。

早晨非常重要，因為這段時間會讓大腦做好準備，決定接下來一整天的運作模式。你想變得容易分心，像無頭蒼蠅一樣在一大堆事情間繞來繞去？還是想集中精神，有意識、有目的地選擇自己要做的事？我個人比較喜歡後者，因為這樣我才能完成更多事、端出更好的成果，而且在那種狀態下，我的壓力會比較小，態度也不會那麼被動。所以我會盡量讓早上這段時間保持簡單、井然有序。我會先喝咖啡、吃早餐、冥想，然後再做其他的事。

你會用應用程式或產品來改善自己的晨間習慣嗎？

沒有。我喜歡用老派的方式過我的晨間生活。我很謹慎地打造自己的習慣與生活模式，主要是因為「習慣的力量」能讓人在不需要太多思考或意志力的情況下自動完成重要的事，而要達到這個目標，就必須減少對外界產品及應用程式的依賴，這樣才能成功培養出強而有力的習慣。

以團體冥想展開新的一天，用床邊故事畫下完美句點

麥可・艾克頓・史密斯（Michael Acton Smith）
冥想助眠軟體開發公司 Calm 執行長

你有哪些晨間習慣？

我都在早上七點半起床，而且通常會意識恍惚地神遊一下，試著想起自己到底是誰，還有今天是星期幾。如果當天舊金山有個無霧的早晨，我就會泡杯茶、坐在客廳看太陽從海灣上冉冉升起。一般起床後我會喝杯水，要是精神不錯的話，我就會去健身房運動。

運動後我會洗澡，然後一邊聽新聞，一邊換衣服，接著走路去上班。上班途中會經過一間咖啡廳，我會在咖啡廳裡待大約一個小時，打電話給英國分部、寫待辦清單、讀新聞和回訊息。我很喜歡早上在咖啡廳裡工作，我覺得在家和辦公室以外的地方有個小空間非常重要，這個空間能讓你有機會在遭受辦公室噪音與雜務干擾前靜下來好好思考、計畫當天的行程。我喜歡在工作時完全投入、進入神馳狀態（flow state，或稱心流狀態），對我來說，咖啡廳是個絕佳的環境，能讓我百分之百專注、沉醉於眼前的事物。

養成這套習慣多久了？有什麼改變嗎？

從我搬來舊金山後開始，大概有一年半了。這套習慣比我之前住在倫敦時更簡單、也更有條理。那時我必須從蘇活區（Soho）到肖迪奇區（Shoreditch）上班，通勤非常麻煩，我只能努力不讓自己被地鐵中央線搞瘋，很難好好安排早上的時間。

睡前會做些什麼，好讓隔天早上能輕鬆一點？

我會把手機調成飛航模式、接上充電線，然後螢幕朝下放在床邊的地板上。除此之外，我通常還會讀點東西，我發現睡前看書能有效放鬆身心，舒緩緊繃的情緒。大概有百分之九十五的時間我都會看非小說類的書。

你有晨間冥想的習慣嗎？

我有用我們家的 Calm 啊！不意外吧！我們每天都會用 Calm HQ 這個程式進行團體冥想，一起練習「日常平靜」（Daily Calm，一種每天不同主題、時程十分鐘的冥想）。聽起來與眾不同又很「加州」，但團體冥想真的是和同事一起展開新的一天的好方法。

到了晚上，假如我覺得壓力很大、腦子轉個不停的話，我會用 Olverum 的沐浴油泡澡。通常週末起床後我會在客廳裡冥想，偶爾會去金門公園走走、在陽光下冥想。學習冥想讓我培養出內心安靜的能力，也讓我能在思緒開始狂飆、全面掌控身心前，更容易順利關機，進而改善睡眠品質。最近我們在 Calm 的應用程式裡推出了「安眠故事」（Sleep Stories），也就是給大人聽的床邊故事。這個方法雖然簡單，卻能有效幫助身體放鬆、進入夢鄉。

你會一大早回覆電子郵件嗎？

除非有什麼緊急事件，或是我們當時正在進行重要的產品發表，不然我出門前會盡量不開手機，直到坐在咖啡廳內才開。

很多人一張開眼睛就立刻打開社群網站或是查看電子郵件，我覺得這種行為很糟，完全不適合起床後馬上做。我認為一大早要先讓大腦在被網路世界那些耗損多巴胺的瘋狂五四三干擾前盡情漫遊、作白日夢，這點非常重要。我很常在洗澡或準備上班時想出最有創意的點子，但如果我在網路上看到一些令人難過的負面消息，我的大腦就會快速往另一個生產力低落的方向衝去！

要是你沒有確切實行這套習慣呢？

我完全不在意。早晨之所以重要，是因為這段時間能讓我們好好準備、迎接新的一天，要是太嚴格、太死板的話，不就喪失了晨活的樂趣嗎？這樣人生會很無聊耶。習慣就跟生活中很多事一樣，最重要的是要保持平衡，隨時因應情況調整。

只要努力讓早晨保持恬靜柔和的狀態，心靈就會變得如夢似幻般美好

蘇珊・派佛
冥想教師、《現在就開始冥想吧！》（*Start Here Now*，暫譯）作者

你有哪些晨間習慣？

我會在凌晨四點半到五點半到之間起床。以前我會獨自進行所謂的「前景練習」（foreground），也就是專注在思緒、行動和習慣上，不過後來我學到了佛教的觀點，發現應該要維持平衡，除了前景外也要注意層次較低的「背景」（background），也就是潛在的動機、自身居住的實體空間、感受、情緒以及當下這一刻的感官品質和體驗。

為了達到這個目標，我試著讓早晨保持恬靜柔和的狀態，這樣我的心靈就會盡可能地長時間保持和諧、變得如夢似幻般美好。我會在起床前先想想我的導師，例如在心裡觀想他們的臉或感受他們的存在，接著獻上感激，體驗我和他們之間的連結與關係的美妙，並請求他們與我同在（無論是什麼意思、以什麼形式），然後我就會起床、披上晨袍，走到位於庭院另一邊的工作室。我不會跟

我先生打招呼，也不會摸摸貓咪，或是停下來做其他事（因為真的太早了，我不想把其他人吵醒，讓他們看到我穿著睡衣走來走去），而是直接燒水、泡一大杯愛爾蘭早餐茶（那些茶是我在紐約蘇利文街上一間茶鋪買的），而且就那杯茶。就這樣。我會趁茶葉慢慢泡開時快速沖個冷水澡，接著點上蠟燭，向我的世系家族獻茶（就是在祭壇上放一小杯茶），「開啟」聖殿（Shrine）。我會去確認一下工作室是乾淨的，然後坐在沙發上寫日記，內容大多是一些不著邊際的廢話和每天都會寫的三項教誨，分別是：

1. 不走捷徑。（愛、工作，尤其是冥想練習。對我來說，不是什麼生活「偷吃步」或自我改進的工具。）
2. 羞愧是內在的敵人。（我會告訴自己，當羞愧感抬頭的時候，記得讓溫柔掌權。）
3. 保護與滋養身體。（我會想想要吃什麼、什麼時候運動。）

最後，我會寫下某一位偶像對我的操練所說的話。那些話真的很棒，讓我受寵若驚，所以我不好意思在這裡公開分享，但我會提醒自己對方曾說過這樣的話。每天都會。這讓我覺得非常快樂。

接著我會練習靜坐冥想，然後進行藏傳佛教的禮拜儀式，這個儀式我已經操練了十五年了。做完之後，狀況好的話，我會寫點東西，什麼都寫，大概五百字左右，然後整套晨間習慣就結束了。

這時大約是早上九點。我努力設法讓自己的晨間習慣執行率達到百分之六十，希望未來可以提高到百分之八十。

我永遠都不知道自己做完這套習慣後要幹嘛。有時我會吃早餐，有時不會；有時我會運動，有時不會。這真的很令人惱火。我曾經想藉由閱讀、諮詢專家、向神請示和把鬧鐘設早一點來讓自己的生活更有規律、習慣更多，但這種線性方式每次都讓我腦袋一片空白。過去幾年，我學到與其強迫自己創造點什麼，不如看看自己能引導出什麼。我該做的就是坐著耐心等待。這種方法最適合我。

我心裡有很多悲傷，最後這些悲傷全都以自己特有的奇怪方式轉化成豐碩的果實。其實悲傷是一種非常柔軟、開放且極富可塑性的狀態。我發現，當我與悲傷共處的時候，比較容易進入自己心目中的「成功」境界，例如豐富的智慧、洞察力、意義、愛與創造力。這些特質都有一個共通點，也就是超越非傳統、非常規的思維框架，自發性地湧現出來，不受任何人指揮或控制。因此，悲傷對我而言是一種超越自我存在、通往成功的大門，這也是我真正渴求的目標。

養成這套習慣多久了？有什麼改變嗎？

十年多了。我的晨間習慣會隨著新英格蘭（New England）的季節更迭而有所改變。天氣比較熱的時候，我就會少睡一點，多花點時間進行戶外活動。除此之外，我的心情也不會那麼悲傷，或是我會為了別的事物而悲傷。

你有晨間冥想的習慣嗎？

我在線上冥想社群中教授佛法。我們的核心練習是「止觀」（Shamatha-Vipashyana），也就是正念覺知訓練。我每週都會替將近兩萬名學員錄製引導教學影片，每支影片都以一小段談話開頭。這就是我的工作。我的生活幾乎是繞著冥想打轉（順帶一提，這不一定是好事）。

你的伴侶會怎麼配合、融入你的晨間習慣？

我先生不但很包容我的晨間習慣，也為此做了一些調整，因為他是那種偏愛兩人生活的人，而我比較喜歡獨處。過去二十年來，多虧他的寬容與關愛，我們雙方都有所成長，懂得為對方妥協、適應彼此的生活習慣。去年我生日的時候，他送我一幅畫，上面畫了一棟座落在遼闊原野的小屋，藝術家則在畫布上寫著「讓我靜一靜、讓我靜一靜、讓我靜一靜」，寫了好多次。這個禮物對我來說意義重大，因為即便我們夫妻倆個性相悖，他依舊全然理解、接受我的本質。我覺得這樣很浪漫。

要是你沒有確切實行這套習慣呢？

我會努力不責備自己，同時發掘一些被遺忘的快樂。我記得西藏冥想大師丘揚創巴仁波切（Chögyam Trungpa Rinpoche）曾說：「壞消息是，你正從空中墜落，沒有東西可以抓，也沒有降落傘；好消息是，地面根本不存在。」只要想起這句話，我就會放鬆下來。

換你做做看

「冥想是全世界最棒、但大多數人都不走的生活捷徑。」

——拉維．拉瑪納（Ravi Ramana），高階職業生涯教練

雖然本章的目的不是要廣泛研究冥想的好處或各種冥想類型，但我們還是要花點時間深入探索，看看有哪些簡單的方式能讓你在不管多忙的情況下都能靜下心來，將正念練習轉化為晨間習慣。

就算你這輩子從來沒冥想過，也請不要跳過這一節，因為冥想有很多種形式；如果你對冥想的印象是盤腿坐在高山頂峰上，所以才完全不考慮冥想的話，那你就錯了。近年來冥想運動之所以開始復興、蔚為流行，是因為冥想能對生活帶來深刻、正面的影響，長期練習的效果更為顯著（原因完全不意外）。冥想不但能幫助你集中精神、提升專注力，讓你在面對問題時看得更透徹，還能引導你擺脫陳規、跳出舊有的框架，睜開眼睛看見這個你一直都知道其存在、卻不時遺忘的世界；除此之外，冥想也能有效減輕及舒緩壓力，改善睡眠品質。新聞特派記者同時也是冥想提倡者丹．哈里斯（Dan Harris）說，冥想「沒辦法解決人生中所有問題、（沒辦法）讓你長高，（也不可能）

讓坐在公園長椅上的你進入宛如天堂般的極樂狀態。但冥想能讓你多出百分之十的快樂，也許更多也說不定。」

瑪莉亞・柯妮可娃也說：「冥想是整理思緒的好方法，如果你想讓頭腦更清明、精神更專注的話，我建議你試著冥想。」大衛・摩爾則表示：「冥想是我最喜歡的晨間活動，因為我能在過程中仔細思考，為個人目標設定基調。」

冥想有很多種形式，你可以自由選擇最適合自己的類型與練習方法。我們不是在討論超覺靜坐與禪坐的好處、或比較內觀冥想與慈悲冥想之間的差異，而是建議你利用日常通勤或晨跑等片段時刻單純練習正念冥想；有時間的話，也可以坐下來冥想五到十分鐘。達雅・羅斯在分享自己的習慣時就說：「冥想對我的專注力與整體健康造成很大的影響，讓我覺得身心不再像從前那麼疲憊。」

這一節的重點是要告訴你，將正念練習轉化為晨間習慣一點也不難，只要你願意，就能成功。

以下介紹幾個舒緩身心疲憊的小祕訣：

發掘日常生活中的冥想時刻

如果你還沒準備好進行完整的冥想練習，可以先從日常生活中尋覓、找出冥想的時機。

「我會自己手磨茶葉，等茶葉慢慢泡開。這大概是我生活中最接近冥想的事。我的感官與覺知在摘茶、磨茶和泡茶的過程中徹底甦醒。」

——凡妮莎·范·愛德華茲（Vanessa Van Edwards），行為調查專家

早上做早餐、磨咖啡豆或泡茶等日常事務都可以轉化成一種冥想練習。前航太工程師艾密特·索納威（Amit Sonawane）告訴我們，對他來說，「冥想是一種純粹感知與覺察的行為。我經常在煮咖啡時感受當下——豆子的香氣、洗咖啡壺時冷水的冰涼、拿起杯子啜飲咖啡時撲到臉上的輕柔蒸氣。」如果之後想進行完整的冥想，你可以用這種日常生活練習為基礎，進一步深化、加強自我操練。電腦程式設計師曼紐爾·羅伊格雷（Manuel Loigeret）就說：「等水煮開的時候，我會坐下來冥想十分鐘。」

利用晨跑或通勤時間冥想

跑步本身其實就是一種動態冥想，在我們的採訪經驗中，許多受訪者一而再、再而三地提出了同樣的觀點。過去幾年我們為自己的網站進行了不少訪談，發現很多受訪者都把晨跑和搭乘大眾運輸的通勤時間視為某種形式的冥想。臉書產品設計師丹尼爾·伊登（Daniel Eden）告訴我們：「很多人都很討厭通勤，或是覺得（我）幹嘛要通勤，但通勤能培養、促使心智空間成長，我覺得這樣很好。」

所有晨間鍛鍊都能轉化成冥想，其中晨跑似乎是最適合沉思與冥想的運動。雖然搭乘大運輸通勤上班聽起來大概是全世界最吵的靜心練習，但有不少人都說戴耳機很有用，無論是聽預錄的冥想

引導，或單純用別的音樂來隔絕外界的噪音，都能讓你暫時逃離周遭的世界，回歸自我。

謹慎安排冥想後的活動

養成一套新習慣的其中一個重要關鍵，就是要能把過程內的所有環節（或習慣）全都變成觸發下一個環節的引信。

若你決定創造出一套屬於自己的晨間冥想練習，建議你要謹慎選擇後續的活動，讓自冥想過程中汲取的洞察力發揮最大、最好的效果。瑜伽老師與線上瑜伽課程平臺 Bad Yogi 共同創辦人艾琳・莫茲（Erin Motz）說：「我會冥想十分鐘，然後拿起紙筆開始寫東西……通常都是一連串有意識的感知或腦海中一閃而過的想法。」同樣的，歌手與音樂人桑妮雅・拉奧（Sonia Rao）也表示：「我每天早上會先冥想三十分鐘，再花三十分鐘的時間寫寫隨筆。我不太確定這是哪種類型的冥想，我只是坐在床上、背靠著床頭板，專注於自己的呼吸。」

隨時保持正念

不管有沒有特意在早上進行晨間冥想，接下來一整天都要時時保持正念，這種生活態度不僅能幫助你活在當下，也能讓你集中精神、維持專注。

「寫日記就是我的冥想。在筆記本上書寫能幫助我釐清思緒、讓感激之情深植於心。要是沒有做日記練習，我的情緒就會變得很差，也不會時時刻刻懷著感恩的心。」

——譚咪・史卓堡（Tammy Strobel），作家、攝影師

對於那些很容易被生活大小事惹惱的人，梅樂蒂・威爾汀有話要說：「保持正念有很多好處，所以我會在日常生活中尋找適合思考與內省的時間，就算只有片刻也沒關係。如果遇上大塞車或地鐵誤點，我不會覺得煩躁或生氣，因為這些都是進行內省與練習活在當下的好時機。」

不要太嚴格看待冥想練習

有紀律的練習需要時間慢慢培養，目前千萬不要讓表現焦慮（performance anxiety）等負面情緒滲透、啃噬你的冥想練習。瑜伽老師葛蕾西・奧布霍維茲（Gracy Obuchowicz）就說：「我研究過幾種不同的冥想形式，每一種都不是很嚴格。大多時候，我只是坐著、留意與感受。我是用鼻孔交替呼吸法呼吸，如果心思遊蕩，我會把注意力拉回來。這種練習方式能幫助我保持專注，步驟雖然簡單，效果卻非常神奇。」

記住，不要覺得自己應該拘泥於特定的冥想形式，或完全遵照他人的原則，畢竟只有你最了解自己適合什麼樣的冥想與靜心方法。

反向操作

沒有什麼反向操作手法能讓你發掘日常生活中的冥想時刻。也許你沒有時間、或無意進行晨間冥想，但若能利用其他時段練習反省與正念專注，真的百利而無一害。工程師安德魯・卡德維（Andrew Caldwell）的一席話完美說明了這個概念：「當河流無波、朝陽升起的時候，花點時間出門靜靜散步、好好呼吸……也許你會發現這麼做很值得。」

第五章
夜間習慣

晨間習慣其實在前一個晚上就開始了

克拉克，你是不是有什麼事瞞著我？

大部分的人都會在晚上塞一堆事、拼命延後就寢時間，直到自己真的無聊到不得不上床睡覺為止。有時可能是參加聚會或社交活動，有時可能是工作完成期限迫在眉睫，然而事實上，我們逃避睡覺大多是因為內心知道這段主要的悠閒時光快要結束的關係。

針對這個問題的解法，就是建構出一套能幫助自己從白天的責任中解放、為明早做好準備的夜間習慣，而且千萬不要為難自己。

這一章我們要看看美國健康穀物品牌 Bob's Red Mill 創辦人暨董事長鮑伯·摩爾（Bob Moore）習慣在睡前讀歷史讀物的原因，而這個方法為什麼有時能幫助睡眠、有時又會妨礙睡眠；夜間平復情緒、療癒身心對數學教育家荷西·路易斯·維爾森（José Luis Vilson）的重要性；為什麼對作家與知名演講者珍妮·布雷克（Jenny Blake）來說，為了熬夜看電視而犧牲晨間習慣完全不值得，以及其他人的經驗分享。

夜間習慣是活化大腦、讓早晨思緒更清晰的小幫手

大衛・卡達維（David Kadavy）Podcast節目主持人、
《從心開始》（*The Heart to Start*，暫譯）作者

你有哪些晨間習慣？

我完全不是晨型人，而這也是為什麼一大早是我最重要的創作時間的原因。研究顯示，個人的非尖峰時段是進行觀想與洞察思考的最佳時機，因此我早上的目標就是好好運用這段腦袋還有點昏昏沉沉的時間。

我不用鬧鐘，一般早上八點左右就會自然醒。理想的話，我會冥想十分鐘，但通常我都急著投入工作。我把電腦擺在書架上，這樣我就能戴著耳塞站著工作，把起床後的第一個小時拿來處理重要事務，不過這一個小時最後往往會變成兩個小時、不受干擾的工作時段。

養成這套晨間習慣多久了？有什麼改變嗎？

過去六個月來，我一直認真堅守我的「第一小時」原則，但「早上工作優先」這個習慣已經持

續了大約三年左右。

以前我是一大早起床直接工作十分鐘，而且會從簡單到不行的目標著手，好讓自己有點成就感、變得更想工作。現在我的專注力有所提升，所以工作一個小時對我來說很輕鬆，只是小菜一碟。

睡前會做些什麼，好讓隔天早上能輕鬆一點？

我發現前一晚越放鬆，隔天早上大腦的運作能力就越好。我心目中的完美夜晚是在晚上十點左右關掉所有螢幕，或戴上抗藍光護目鏡。另外，我也會盡量不瀏覽社群網站或是讀一些有的沒的，以免自己想到除了親近的家人朋友以外的人事物（篇幅較長的東西除外，例如書籍等）。

這段時間我可能會看一些影片或節目，不過晚上十一點後我盡可能只做些安靜的活動，像是閱讀等等。我會在自己累垮之前上床睡覺，也喜歡在鑽進被窩後坐在床上、伴著燈光盯著牆壁看。我會想想當天發生的事，或是明天要做些什麼，等到眼皮慢慢變重，我才會戴上眼罩、塞上耳塞，關燈睡覺。我發現，假如我在眼皮變重前試著閉上眼睛的話，當天晚上就會睡得很不好。

你有晨間冥想的習慣嗎？

我試著每天早上冥想五分鐘（有時會延長到半個小時）。首先我會專注在呼吸上，接著感覺一下身體有哪些地方比較緊繃，然後允許自己放鬆、舒緩壓力。

你在週末時也會實行這套習慣嗎？

我平常日早上是工作優先，週末則是戶外活動優先。我會利用星期天下午規畫下週的行程，通常星期六也會被我拿來安排生活和旅行計畫。除非到了緊要關頭，否則一般我週末都不會工作。

下午三點就開始的夜間習慣

珍妮・布雷克
知名演講者、《關鍵轉折》（*Pivot*，暫譯）作者

你有哪些晨間習慣？

假如我有睡滿七到八小時、狀況理想的話，我就會在日出前起床（早上五點到六點起床是我的夢想），但有時我會睡到快七點或八點。我很喜歡在燭光下讀一些非小說類的書，大概讀個一、兩小時，直到太陽升起為止。接著我會冥想二十到二十五分鐘，然後正式展開一天的生活。有時我會花大約二十分鐘的時間晨跑、呼吸新鮮空氣，讓腦內啡在體內湧流，但通常我都會等到當天稍晚再運動。

養成這套習慣多久了？有什麼改變嗎？

自從六年前離開 Google 自行創業後，我就開始實行這套習慣，也會依照實際的情況做點小變化。

我很快就意識到，我的身體乃至習慣都是事業的燃料與動力。假如我因為睡眠不足或缺乏運動導致工作效率降到百分之五十，那我的事業也會跟著衰退，畢竟我是一人公司嘛，而我完全無法接受這種情況，更別說一直都這樣了！對我來說，如何經營自己的事業與生活反映出我選擇投入與關注的目標，而這正是成功的關鍵。「你的身體就是你的事業」變成了我的座右銘，保持生理健康與活力就是我的第一要務。我會做瑜伽、冥想、皮拉提斯和散步，同時均衡飲食，讓自己睡得飽飽的，這些不但能讓我精力充沛、創意滿滿，也是我的幸福秘方。

你都幾點上床睡覺？

如果可以，我希望晚上八點半就早早上床睡覺，我的朋友很常拿這件事來笑我。我是跟吸血鬼完全相反的生物。假如有出門參加活動或是跟朋友聚餐，通常我到晚上十點或十一點就想睡了。我真的很期待那種只有我醒著、全世界都還在睡的寧靜晨間，因此睡覺時間對我來說真的很重要。我一點也不擔心自己會錯過什麼夜間派對，因為要是熬夜的話，我就會錯過燦爛的早晨了。

睡前會做些什麼，好讓隔天早上能輕鬆一點？

從下午出門做瑜伽或和朋友散步那一刻起，我就開始放鬆身心、準備迎接夜晚的來臨，也就是說，傍晚五點後我不會回電子郵件（除非我想回或是有什麼急事），也不會強迫自己讀信。我會在晚上六點或七點左右吃晚餐、看看電視節目、讀點書，然後上床睡覺。

我真的很喜歡晚上躺在床上的感覺。這時我會問自己一些「放鬆」問題，這些問題不僅能讓我理清思緒，還能輔助睡眠，引導我進入夢鄉，其中包含：今天的亮點是什麼？那低潮呢？哪些是我覺得很自豪、想慶祝一下的？哪些是我覺得很感激的？目前還有哪些事尚未回應或解決？

你是靠鬧鐘起床的嗎？

除非要趕飛機，否則我不會設鬧鐘。另外我也不會在早上十點（最好是十一點）前安排會議或電話輔導會談，以免一大早就急著起床投入工作，同時也讓身體盡可能恢復活力、獲得所需的休息。

你有晨間運動的習慣嗎？

我把運動當成一天過後的獎勵。早上十點到下午三點這段時間，我會非常專心、非常努力地投入工作，接著我會出去散散步、上瑜伽或皮拉提斯課。除了這些活動外，通常我還會同時（或晚點）跟朋友約見面，一起喝杯咖啡、吃晚飯，打造出一組「放鬆套餐」。「邊走邊聊」是我最喜歡的社交方法，這種方式不但能活動筋骨、享受運動的好處，還能讓對話更有趣。

那晨間冥想呢？

冥想是我的良藥，也是我生活中最棒的一部分！冥想能幫助我恢復平靜、學習感恩、保持理智、腳踏實地、懂得運用策略與激發創意。通常我至少會冥想二十分鐘，至於冥想形式則每天都變來變去，沒有固定。

過去幾年來，我以循序漸進的方式穩定增加冥想的時間。以前我都一天冥想十到二十分鐘（有時甚至只有五分鐘），後來我終於意識到「冥想」是我一天之中最重要的任務，不是什麼勉強塞進空檔裡的事。比起整天讓問題在腦海裡翻攪，冥想更能有效、快速地化解當前的困境。

你會一大早回覆電子郵件嗎？

我以前的工作習慣就是一大早睜開眼睛、躺在床上讀電子郵件。用這種方式展開新的一天真的很糟！我都還沒起床就已經覺得很煩、很有壓力了。現在我會盡量把手機放在遠離床頭櫃的位置，也會先花一、兩個小時處理工作要事，然後再開電子信箱。

仰賴了一整天的科技產品，晚上不妨切斷網路吧

尼爾・艾歐（Nir Eyal）行為設計師、
《鉤癮效應》（*Hooked*）作者

你有哪些晨間習慣？

我的日常生活中充滿了科技，而我也會用很多科技產品來輔助、量化那些對我來說非常重要的事。睡覺就是其中之一。

我每天早上都是靠智慧型定時器叫我起床，通常在早上七點左右醒來。我會把這個小小的定時器固定在枕頭上，並透過藍牙與小型接收器進行資訊交流。一旦偵測到我在早上七點左右有動靜，定時器就會在三十分鐘內叫我起床，所以有時我會在早上六點半左右醒來，有時會晚一點。

起床後我會跟我太太說早安，去浴室，快速滑一下手機，接著煮咖啡，和家人一起坐下來享受早晨時光，然後開始寫稿、投入工作。

養成這套習慣多久了？有什麼改變嗎？

從我有記憶以來，我就一直都是早上七點左右起床，而我也不斷調整自己的晨間習慣。目前我正在嘗試不吃早餐，這個實驗已經持續大約四個月了，我想看看不吃早餐會對我的日常生活造成什麼影響。

你都幾點上床睡覺？

大概晚上十點，而這也是我的網路斷線時間，我有一個路由器能針對特定設備切斷網路連線。通常我會在十一點左右睡著。

睡前會做些什麼，好讓隔天早上能輕鬆一點？

我喜歡書桌乾乾淨淨的，我覺得這是早上煮完咖啡、和家人一起共度早晨時光後最能幫助我進入狀況的因素。要是桌上有東西，我就很容易分心，所以我會把桌子收拾的很乾淨。

你早上最重要的任務是什麼？

大概是跟我女兒和我太太說早安吧。我們很習慣、也很喜歡在日常生活中對家人表達愛意與感激，所以每天早上我們都會給彼此一個大擁抱、親親對方，說早安和「我愛你」。

要是你沒有確切實行這套習慣呢？

我每天都會逐一檢查自己該做的重要事項。我書桌前方有一張大白板，上面列出了我的行程與例行公事，包含一週寫作五天、一天兩小時；一週上健身房運動四天；一週陪太太散步兩天；一週閱讀五天，每天讀（當時正在讀的書）二十頁等。

這些是我平常的生活，不侷限於早上，我會在做完後於項目前打勾，這樣我就知道自己完成了哪些事。如果臨時有什麼狀況的話，我會盡量調整行程，挪到當週的其他天做，好讓自己能在一定的時間內完成必須完成的事。

早上聽傑斯和傻瓜龐克，晚上來杯洋甘菊茶療癒身心

荷西．路易斯．維爾森
數學教育家、《這不是考試》（*This Is Not a Test*）作者

你有哪些晨間習慣？

我會在早上五點半起床，接著喝杯水、吃穀片、換衣服，然後出門工作。有時是搭公車去地鐵站，有時則是走路，端看我當天有多少時間。我搭車時都會聽音樂。如果心情不錯，我會聽嘻哈天王傑斯（Jay-Z）或法國電音雙人組傻瓜龐克（Daft Punk）；如果想聽比較另類或前衛的作品，我就會選饒舌歌手肯卓克．拉瑪（Kendrick Lamar）或英國傳奇樂團電台司令（Radiohead）；其他時候則是聽音樂劇《漢米爾頓》（*Hamilton*）的原聲帶。

出地鐵站後，我會喝一小杯咖啡，讓自己的大腦和身心做好教學的準備。我會開始想班上的學生、課程內容和當天的活動行程。我發現自己的能量會隨著第一堂及最後一堂課而有所改變，不管有沒有大考或小考都是。為了維持內在平衡，我可能會抖抖身體、舒展一下筋骨，然後像冥想時一樣深呼吸。

養成這套習慣多久了？有什麼改變嗎？

大概有十年了，而且大多時間都有認真遵守、成效也還不錯，雖然有時會更好、有時會比較糟。以前我們家離學校比較遠，所以我有比較多時間能在地鐵上看書或改作業；但好處是，現在我住比較近，上班更方便，也更有時間為學生與教學做準備。

你都幾點上床睡覺？

大約晚上十點半左右。要是過了十點半還沒睡的話，隔天一定會很慘。

睡前會做些什麼，好讓隔天早上能輕鬆一點？

通常我會喝杯洋甘菊茶幫助睡眠。水燒開、泡好茶後，我會加點蜂蜜增添甜味。洋甘菊茶不僅能讓我心情平靜，還能在夜間滋潤身體、補充水分。除此之外，我也會盡量放下當天所發生的一切，畢竟帶著憤恨、怒火或其他情緒入睡不是什麼好事。

你是靠鬧鐘起床的嗎？

我有用鬧鐘，但我的身體通常會在鬧鐘響七分鐘前自動醒來。我把鬧鐘放在廚房，因為鈴聲還滿大聲的，所以沒有聽不到的問題。鬧鐘一響，我會立刻起床、努力挺直身體，免得又倒回床上睡。

另外，平常要上課的日子我就不會用貪睡模式。

你有晨間運動的習慣嗎？

沒有。不過因為我住在紐約，通常還沒上班就已經走大概三千步了。

你在週末時也會實行這套習慣嗎？

週末不用上課，所以我可能會多睡一點，慢慢吃早餐，然後看看新聞或是陪我兒子看《芝麻街》（*Sesame Street*），並多花點時間仔細回覆電子郵件。我不一定每個週末都會睡比較晚，但只要可以，我就會想辦法多睡幾個小時。

我的帽子多，頭銜也多……

鮑伯．摩爾
美國健康穀物品牌 Bob's Red Mill 創辦人暨董事長

你有哪些晨間習慣？

我每天早上都固定六點起床，週末的時候也一樣，因為我好像缺乏「週六日睡晚一點」的能力。身為天然穀物品牌 Bob's Red Mill 的董事長，我的生活充滿樂趣。我們在奧勒岡州密爾瓦基這邊大約有五百名員工，每天二十四小時輪三班，全年無休，大家都忙著製造全穀物食品，並將產品運送至世界各地。對我來說，清晨或半夜到工廠巡視、向員工打招呼的感覺真的很棒。這就是我的人生。

養成這套習慣多久了？有什麼改變嗎？

我這輩子大概有百分之九十的時間都在商業圈打滾。二十五歲時，我開了第一家汽車維修廠。我一直是個崇尚早起的人，過去二十五到三十年來都是早上六點左右就起床了。如果想自己當老闆創業的話，首要任務就是要成為員工的模範，絕對不能整天渾渾噩噩、懶散度日。

你都幾點上床睡覺？

就我的日常作息來看，我應該要更早睡才對。我很常讓自己蠟燭兩頭燒、累到筋疲力盡，因此我盡量在晚上十點左右放下手邊的事，準備就寢。如果可以在九點半或九點四十五分左右睡的話，我會非常高興，因為這樣我就能睡滿八小時了。

睡前會做些什麼，好讓隔天早上能輕鬆一點？

我睡前有好多事要做，像是洗澡、把隔天要穿的衣服拿出來等等，而且我很愛看書，所以睡前閱讀是一定要的。

我很喜歡讀歷史和傳記類的書，也喜歡每天撥出一定的時間讀自己感興趣的讀物。目前讓我大為著迷的人物就是英國前首相邱吉爾，我有一本很棒的書，是他最小的女兒瑪麗·索姆斯（Mary Soames）寫的，內容囊括了邱吉爾自傳和他們父女倆之間的互動，特別是在第二次世界大戰時同盟國與軸心國對抗的那段期間。總而言之，我開始看類似的書，而且往往太過陶醉、沉浸在情節裡，很難就這樣放下書就寢。我很常晚上十點半或十一點突然驚醒，才發現自己看書看到睡著。

由此可知，看書通常能讓我保持清醒，而非幫助睡眠，這點非常有趣。我的床頭總是有書，每天晚上我都迫不及待地翻開書頁，特別是瑪麗·索姆斯的這本。事實上，我過去一週至少有兩次都凌晨兩點左右爬起來看書，因為真的太好看了。我年紀大到還記得第二次世界大戰和不少相關的活動，作者透過文字激起了這些有趣的回憶與感觸，讓我忍不住想一直看下去。

起床後大約多久才吃早餐？

我不是那種起床後一定要馬上吃早餐的人，不過如果有吃的話，我都會吃自家品牌的全穀麥片。要說世界上有什麼我相信的事，那就是熱呼呼的全穀麥片是早晨最棒的開始，而我也確實相信這是健康長壽的重要關鍵。我自己親身嘗試、證實了這個效果，而且感覺非常強烈。早上起床時我都會覺得身體比較虛，一旦遇到像旅行這種特殊情況，就更難吃到自己想吃的早餐。

你有晨間運動的習慣嗎？

我走很多路。我們的工廠占地八千五百多坪，工作時都必須到處奔走，所以走路量真的很大。呃，我們確實常常在聊走很多路這件事……老實說我完全不想每天都帶一大堆貴重物品走來走去。

你都在什麼時候查看手機？

我隨時都在看手機。我會在手機上把要說的長篇大論全都打下來，這樣我會覺得比較安心。我傳出去的訊息從來沒有錯字，完全沒有。我一定會先讀過一遍，確認完全沒問題、文法也完全正確後再送出。

你早上最重要的任務是什麼？

我會想要穿哪雙鞋子，雖然我前一晚會把要穿的衣服準備好，但隔天早上還是需要挑鞋子、帽子和外套。我每天都會戴帽子，我大概有將近一百頂帽子、好幾雙同款的黑色和棕色鞋子，就連皮帶也都是黑色和棕色，所以我會努力搭配自己的穿著。如果用棕色皮帶，就一定會穿棕色皮鞋；如果開敞篷車去上班、早上又冷颼颼的話，就一定要穿大衣或外套。

你早上起床後會先喝什麼？在什麼時候喝？

我一到辦公室就會先喝咖啡。我好愛咖啡，我想不到其他比咖啡更棒的飲料了。所以我一進工廠就會先到公司的員工餐廳，坐在鋼琴旁一邊喝咖啡，一邊等我的助理南西出現，接著我會彈一下鋼琴。我們有兩架鋼琴並排放著，南西只要在進公司時聽見鋼琴聲，就會直接走到員工餐廳，在我旁邊那架鋼琴前坐下來，我們倆會一起演奏大約二十分鐘，多半是彈一些像迪克西蘭（Dixieland）之類的早期爵士樂曲。

要是你沒有確切實行這套習慣呢？

對我不會有什麼影響。我應付的來。都已經快要九十歲了，做事最好有點彈性。我的興趣很廣泛，我可以坐下來看書、彈琴，身邊還有一大群共事了三、四十年，已經變成我心頭摯愛的好人。

一切的一切都很棒。我不太在意自己到底有沒有確切實行這套習慣。

換你做做看

「我們睡覺前一定會打掃家裡，廚房也會整理得乾乾淨淨。雖然要挪出時間做這些事不太容易，但在整潔、靜謐又安和的環境中醒來的感覺真的很棒。」

——詹姆士・費里曼，藍瓶咖啡創辦人

夜間習慣不僅會滲透、影響到你的早晨時光，兩者之間似乎也密不可分，荷蘭專案經理瑪喬琳・維貝克（Marjolein Verbeek）在接受訪談時就說：「感覺就好像睡眠也是十二小時日間生活的一部分。」

我們知道，不是每個人都能沐浴在柔和的燭光下早早上床睡覺；有些人的工作時間比較長，有些則必須值夜班，上班時間是一般人的下班時間，下班時間是一般人的上班時間。話雖如此，只要能在相對合理的時間到家，你就會發現自己不僅能利用晚上搶先一步、為第二天的晨間習慣做準備，還能好好打造、享受夜間習慣。

可以考慮納入夜間習慣的活動有：

把隔天要穿的衣服拿出來

減輕早晨的決策疲勞（詳見第100頁）對情緒健康有很大的幫助。只要在睡前把隔天要穿的衣服準備好，起床時就能少決定一件事。

「每週日晚上我都會看看行事曆和下週的天氣預報，預先挑好每天要穿的衣服，這樣早上就可以少想一件事了。」

——泰拉・卡麥可（Terra Carmichael），線上活動票務公司 Eventbrite 全球通訊副總

對一大早起床運動的人來說，預先把運動服拿出來能有效降低逃避運動的機率，而且起床後也不用決定到底要不要換運動服，因為前一天晚上的你早就幫現在的你決定好了。同樣的，你也可以改成晚上淋浴或泡澡，這樣不僅能幫助你在睡前放鬆，第二天早上也能節省一點時間。

檢查行事曆、擬定隔天的待辦清單

請在當天工作結束（或下班時間）後盡快計畫，不要等到睡前再做，以免干擾大腦休息的時間，導致無法放鬆入眠。檢查行事曆、擬定隔天的待辦清單能讓你了解自己的行程安排，這樣隔天一早

工作時就能立刻進入狀態。

這個小祕訣和卡爾・紐波特在《Deep Work深度工作力》一書中提到的「關機儀式」（shutdown ritual）有些類似。關機儀式指的是：

> 「檢查過每個尚未完成的任務、目標或計畫，並確認自己對每項未竟事務不是（一）有值得信任的完成時間與進度規畫，就是（二）先保留起來，等到適當的時間再回頭處理。這個過程應該要符合演算法，也就是妥善安排、按部就班地執行一連串步驟。做完後，請設定並說出一個用來表達『完成』的語句（我在結束儀式時都會說『關機完成』）。最後這一步聽起來很俗氣，可是卻能給大腦一個簡單的提示，讓大腦知道，接下來可以安心地放下和工作有關的想法了。」

紐波特更進一步表示：「與確切執行關機儀式相比，試著利用晚上勉強擠出一點工作成果可能會降低第二天的工作效能，導致最後的完成的事更少。」

作家與營養學家伊莎貝・狄羅斯里歐斯（Isabel De Los Rios）也說：「結束工作前，我會在電腦上貼一張便條紙，提醒自己隔天早上應該要寫哪些東西，這樣起床後我就不會急著打開電子信箱或浪費時間上網。這個簡單的技巧真的幫了我很多，讓我能在清晨集中精神、保持專注。」

我們的大腦會不斷閃過各式各樣的想法和思緒，有些忘了沒關係，有些卻一定要記。別讓這些想法活（或死）在腦海中，動手寫下來吧。

冥想、禱告和寫日記

這些你不一定要做，但如果有哪一項對你產生了作用，請緊緊抓住這個契機，或許你能發現幫助自己放鬆、思考生活與練習感恩的絕佳方式。

如果你讀了本書關於晨間冥想的章節（第四章），你就會知道，我們說的「冥想」同時包含了「傳統意義上的冥想」與「練習在日常生活中保持正念」這兩種形式。因此，我們建議你可以訂定嚴格的生活規則，到了晚上，就把所有電子裝置放到臥室以外的地方（詳情請看第六章〈睡眠習慣〉），這種方法能幫助你發掘出更多生活中的靜心與冥想時刻。

打掃家裡

在乾乾淨淨的房子裡醒來堪稱人生中一大樂事。葛蕾西．奧布霍維茲告訴我們：「我媽教我，一定要把水槽裡的髒碗盤洗好後才能睡覺。這點我完全贊成，他真的很有智慧。」真的，我們也舉雙手贊成。

起床後看到水槽裡滿滿都是髒碗盤真的會讓人覺得很煩躁，尤其是當家裡空間很小，又看到唯一一支平底鍋（也就是你要拿來做早餐的那支）躺在水槽底部、上面壓著一大堆碗盤的時候。

睡前打掃家裡（特別是廚房）不僅能讓你隔天早上起床心情更好，這個行為本身也能轉化成一種習慣。當下次你進廚房的時候，可以先把明天早上要用的碗盤拿出來，或是設定咖啡機，這樣機器在你起床前就能預熱完畢，隨時都能煮杯好咖啡。怎麼樣？試試看吧！

科技小幫手

不是所有科技都對夜間習慣有害。正如剛才在本章所讀到的，尼爾·艾歐透過無線路由器設定時間，在晚上十點準時切斷網路連線，好讓自己早點上床睡覺。

同樣的，有些受訪者也說他們會在晚上設鬧鐘，只要鬧鐘一響，他們就知道夜間習慣開跑了。

反向操作

沒有什麼反向操作手法能讓你在睡前創造出一個平靜又放鬆的環境，只有時間點會隨著個人生活與實際情況而有所改變。

假如你上夜班、或是選擇在晚上工作以獲得最佳成果，那你的夜間習慣就會往後延至深夜、或是準備睡覺前的清晨才開始，就像你的晨間習慣可能要到每天下午三、四點左右才開始一樣。

第六章
睡眠習慣

睡眠品質會大大影響到晨間習慣

早起又睡足七到九個小時的鳥兒才有蟲吃

「睡覺時間」是小朋友圈中的熱門話題。小時候爸媽都會規定什麼時候該就寢，而我們則殷殷期盼，希望能突然冒出什麼神祕的理由，好讓自己能再多熬夜一個小時。

如果你小時候正是如此，長大後的就寢時間應該會很不固定。本章要聊聊那些對改善睡眠品質很有一套（雖然他們自己可能不知道）、早上醒來總是充滿活力的人的晨間與夜間習慣。夜間睡眠品質會直接影響個人執行（與享受）晨間習慣的能力和成效，所以睡覺這方面千萬別省，睡好睡滿就對了。

這一章我們要看看雅莉安娜·赫芬頓（Arianna Huffington）如何在睡前「溫柔護送」電子裝置出房間；日本整理諮詢顧問近藤麻理惠睡前必做的一件事；創投分析師布萊德·費德（Brad Feld）每晚瘋狂追蹤個人睡眠狀態的原因，以及其他人的經驗分享。

一記當頭棒喝，讓人痛得開始正視自己的睡眠問題

雅莉安娜・赫芬頓
《赫芬頓郵報》（*Huffington Post*）與健康顧問公司 Thrive Global 創辦人

你有哪些晨間習慣？

我有百分之九十五的時間一定會睡滿八小時，因此有百分之九十五的時間不需要靠鬧鐘起床。對我來說，自然醒就是展開新的一天最好、最棒的方式。

我的晨間習慣有很大一部分在於「我不做的事」，例如我不會在起床後立刻滑手機，反而會花點時間深呼吸、感恩一切，設立當天的基調與生活目標。

養成這套習慣多久了？有什麼改變嗎？

二〇〇七年一記充滿痛楚的當頭棒喝讓我開始正視自己的晨間習慣。當時我因為睡眠不足與過度疲勞而昏倒，結果頭撞到書桌，導致顴骨碎裂，休養了好一陣子。

我的習慣會隨著時間而有所改變。比方說，住在洛杉磯那段期間，我就很喜歡早上出去散步和健行。充滿實驗精神的我總是沒多久就學到一些想加進舊習慣裡的新東西。

你都幾點上床睡覺？

通常我會在晚上十一點左右就寢。我的家人都會開玩笑說我的目標是要及時趕上「午夜列車」。

睡前會做些什麼，好讓隔天早上能輕鬆一點？

睡前到上床睡覺這段過渡時間對我來說是種神聖不可違背的儀式。首先，我會關閉所有電子裝置（例如電腦、手機等），溫柔地把這些東西送出房間；接著我會伴著燭光、用瀉鹽（Epsom salts）泡澡，如果充滿焦慮或有什麼事情煩心的話，我會延長泡澡的時間。我不會像以前一樣穿著運動服睡（我認為這會對大腦發出混淆的訊息），而是會換上睡衣、家居服或只有睡覺才會穿的T恤。如果想喝點熱熱的東西、撫慰身心，我就會泡一杯洋甘菊茶或薰衣草茶。另外，我也喜歡在睡前讀紙本書，尤其是詩集、小說以及無關工作的書。

你不用鬧鐘的原因是什麼？

我很喜歡不靠鬧鐘自然醒。想想看，「鬧」這個字有擾亂、喧嚷、不安靜的意思，「鬧鐘」（英文為alarm，有擔心、驚慌或警報等意）則代表「因為察覺到危險而突然產生的恐懼、擔憂與焦慮」，或是「為了預先警告、通知即將來臨的危險而發出的強烈抗議、聲響或訊息」，也就是說，這個詞在大部分情況下都是「有什麼東西出錯」的警訊。然而大多數人早上都會依賴鬧鐘、反射性地做出「起床」的動作，讓大腦從睡眠跳到「戰或逃」的狀態，導致體內充滿壓力賀爾蒙與腎上腺素，因為我們的身體已經準備好要面對危險了。

除此之外，我也不太相信貪睡模式。假如逼不得已一定要用鬧鐘，我都會把貪睡時間設在最後不得不起床的那一刻。

你有晨間運動的習慣嗎？

只要在家，我就會踩半小時的健身車（stationary bike）、做五到十分鐘的瑜伽伸展操，而且運動前也會先冥想二十到三十分鐘。

你會一大早回覆電子郵件嗎？

我不會一起床就立刻回覆電子郵件。對我而言，避免誘惑的好方法就是不要把相關電子裝置放在房間充電。不過由於我經營的是新聞媒體集團，早上又是和編輯溝通的關鍵時刻，因此與外界保持聯繫、不要讓別人找不到我是很重要的事。只要踩完健身車，我就會打開電子信箱回信。

你會用應用程式或產品來改善自己的晨間習慣嗎？

任何必須把手機放在床頭以提升睡眠品質的方法我都不用。我喜歡在睡前聽點輕緩的引導式冥想音樂，檔案全都存在我的iPod裡，而我在《愈睡愈成功》（*The Sleep Revolution*）這本書的附錄中也列出了自己最愛的音樂。如果要我掛保證，我會說這些音樂最棒的地方在於我完全不知道結尾是什麼，因為我都在音樂結束前就睡著了！

你在週末時也會實行這套習慣嗎？

當然！只是運動和冥想時間會拉長一點。

要是你沒有確切實行這套習慣呢？

習慣之所以為習慣的重點就在於「堅持」，不過人生難免會出現一些阻礙或脫序的現象。一旦發生這樣的情況，我會盡量不批判自己，不要讓負面情緒影響接下來一整天的生活。

我非常贊成消除內在自我批判與自我懷疑的聲音（我稱之為「討厭的室友」）。這些負面想法不但會貶低自我，還會強化內心的疑惑與不安全感。我花了好幾年的時間把這些思維從大腦中趕走，現在這些聲音已經變成偶爾出現的訪客，不再是「討厭的室友」了！

要是早上沒有把家裡整理乾淨就出門的話，內心也會亂成一團

近藤麻里惠（Marie Kondo）
《怦然心動的人生整理魔法》（*The Life-Changing Magic of Tidying Up*）作者

你有哪些晨間習慣？

我會在早上六點半左右起床，打開窗戶讓新鮮空氣流通，接著焚香淨化家裡。

我喜歡在吃早餐前先喝點熱水或花草茶等熱飲。通常我先生會在我起床後大約一個小時做早餐，我們吃得很簡單，大多都是吐司和蛋，或白飯配味噌湯等料理。吃完早餐後，我們會一起在神龕前禱告、獻上感謝，想像今天是個美好的一天。有時我也會做瑜伽舒展筋骨。

養成這套習慣多久了？有什麼改變嗎？

我很小的時候就養成了「起床時打開窗戶，讓新鮮空氣進到家裡」的習慣。兩年前我開始焚香，之前則是打掃玄關（日式住宅裡脫鞋子的地方），不過生了女兒後變得很忙，所以比較沒時間定期打掃那裡。

你都幾點上床睡覺？

晚上十一點半左右。睡覺前我會用芳香精油按摩後頸、幫助睡眠，另外我也會打掃家裡，將所有東西物歸原位。

你是靠鬧鐘起床的嗎？

我很少用。我只有在特別累或是隔天早上有什麼重要安排時才會設鬧鐘。

要是你沒有確切實行這套習慣呢？

一般來說沒什麼關係，也不會影響到當天的生活。不過，要是沒把家裡整理乾淨就出門（通常是逼不得已）的話，我會整天心煩意亂，滿腦子都在想這件事。

夜貓子當慣了，要改變作息真的很不容易

強・古德（Jon Gold）
跨領域設計師與工程師

你有哪些晨間習慣？

簡單來說——早上六點半起床；努力遠離各種有LCD液晶螢幕的東西；冥想；運動；準備盡力活出精采的一天。

你都幾點上床睡覺？

通常我都是晚上十點上床、看點書，然後十一點左右睡覺。

背景故事：我是個資深夜貓族。我曾經用應用程式追蹤自己的習慣，發現自己從來、從來沒有成功在半夜十二點之前上床睡覺，所以後來我就放棄了。我二十幾歲的時候幾乎每天都過了午夜、甚至到凌晨四點才睡。

我之所以晚睡的原因有很多，例如當時我住在歐洲（睡覺時間反而是美國網路活躍、資訊流通

最快的時候）、是個在家或咖啡廳工作的自由業者，還有，老實說我沒什麼自制力。不過，我觀察晨型生活很久了，也知道這種模式有哪些好處，現在終於在我身上實現了。

當我們能量低落、意志力驟降時，就很容易做出糟糕的決定。變成晨型人之前，我注意到自己老是熬夜流連網路、做一些毫無成效可言的事；如果晚上十一點半打開筆記型電腦，我就會一直用到凌晨兩點半。後來我在電腦上安裝了一套非常激進的「內容封鎖」程式[1]，並在晚上十點到早上十一點之間封鎖所有與社群網站、娛樂八卦和新聞有關（只要有一點點關係都算）的東西，就連白天也會以間歇性的方式排除這些資訊。封鎖到早上十一點是因為這時我的意志力比較薄弱，要是早上昏昏沉沉地打開電腦上網，那我接下來一整天就會過得很慘。同樣的，晚上我會把各種有LCD液晶螢幕的裝置放在客廳充電，只留電子閱讀器Kindle在房間裡，因為就算安裝了內容封鎖程式，手機和筆記型電腦還是很容易讓我分心，連帶影響到我的睡眠品質。我可不想被這些科技產品誘惑，半夜爬起來看通知。

睡前會做些什麼，好讓隔天早上能輕鬆一點？

我每天都穿一樣的衣服。我的衣櫃裡隨時都有幾套相同的服飾，所以我早上可以快速換裝，省下不少時間。如果要晨間運動的話，我就會把要穿的衣服放在床邊，這樣起床後就不用思考要穿什麼了。

晚上放鬆的時候，我會用筆記型電腦安排隔天的行程。我是從卡爾・紐波特的《Deep Work深度工作力》一書中學到這個技巧的，這本書大概是我今年讀過最棒的書。因為我一直都有專注的問題，所以我想盡可能地努力改善這一點。「預先計畫」不但能讓我掌控自己的起床時間，也能讓我不必用剛醒來的大腦思考當天做事的優先順序。

你有晨間冥想的習慣嗎？

有啊！我認為冥想是美好生活的重要關鍵。聽起來很誇張，但我真的這麼認為。

我主要是練習內觀冥想，偶爾會在晚上練習慈悲冥想以達到加乘、加速的效果。我有各式各樣的引導式與非引導式冥想工具，目前我用的應用程式是丹・哈里斯的「快樂，多10%就足夠」（10% Happier），這個程式真的很棒，裡面有很多世界頂尖大師所帶領的引導式冥想。

對我影響最大的兩本冥想類書分別是丹・哈里斯的《快樂多10%就足夠》（想不到吧！）和德寶法師（Bhante Gunatatana）的《平靜的第一堂課：觀呼吸》（*Mindfulness in Plain English*）。如果想進一步練習，我也很推薦靜修；要是覺得連續十天的靜默靜修聽起來很嚇人的話，可以試試週末靜修，這個方法不但方便，還能讓你恢復活力、煥然一新。

---

1 想知道有哪些最新、最好用的內容封鎖程式，請上mymorningroutine.com/products查詢。

把一天分成「內向」和「外向」兩個部分

布萊德・費德
美國投資集團 Foundry Group 創投分析師

你有哪些晨間習慣？

五年前，我平日都是早上五點起床（端看我當時所處的時區而定），週末則是睡到自然醒（通常週六和週日晚上我都會睡死，一睡就是十二個小時）。後來我罹患了重鬱症，於是決定不再靠鬧鐘起床。現在我不管平日或假日，一律睡到自然醒，起床時間大多介於早上五點到九點之間。

我的晨間習慣很簡單。起床後我會去浴室量體重、刷牙，然後泡咖啡，跟我太太艾咪坐在一起（通常她和狗狗都比我早起，所以只要他們在哪裡，我們就坐哪裡）享受早晨時光。我們會做一種名叫「早晨四分鐘」的儀式，並在這段時間裡單純坐著喝咖啡、聊聊天，一邊聽鳥兒唱歌，一邊看著晨光逐漸蔓延。

接著，我（依然和艾咪和狗狗坐在一起）會打開筆記型電腦寫部落格、查看電子郵件。我一週有四到五天會去跑步，如果當天是跑步日的話，我就會在寫完部落格後晨跑，跑完後就洗澡、吃點清爽的食物（像是果昔或一片花生醬吐司），展開今天的「外向生活」，也就是進行人際互動與交流。

你都幾點上床睡覺？

我每天晚上都會在九點半到十點半間就寢，週末也是一樣，很少超過十點半才睡。

你有晨間冥想的習慣嗎？

我早上會靜默冥想二十分鐘。我把冥想當成一種「練習」，所以不會天天做或是刻意想辦法精進。關於我的練習過程，與其說「斷斷續續」，不如用「起起伏伏」來形容會比較貼切。

你會用應用程式或產品來改善自己的晨間習慣嗎？

幾年前我開始用持續性正壓呼吸器（Continuous Positive Airway Pressure，簡稱 CPAP）。我有輕微的睡眠呼吸中止症，持續性正壓呼吸器改善了我的生活。

你早上最重要的任務是什麼？

跟艾咪和狗狗一起度過早晨時光。

你早上起床後會先喝什麼？在什麼時候喝？

咖啡，通常在起床後十五分鐘內喝。我限制自己一天只能喝一杯。

你在週末時也會實行這套習慣嗎？

星期六是我的「數位安息日」，所以我不會整天看電子郵件、上網或滑手機；星期天起床後我會坐在艾咪身邊看《紐約時報》。通常週末這兩天我都會去跑步（而且是長跑），因此我的週末早晨不僅柔和寧靜，也少了「外向生活」的刺激。

早上四點到八點：心情最愉快、態度最樂觀、腦子最靈光、創意最豐富的黃金時段

史考特·亞當斯
超人氣漫畫《呆伯特》創作者

你有哪些晨間習慣？

我的習慣會隨著時間不斷變化，只要稍微瞄一下我的活動時間軸，就會發現總是有些小地方不太一樣。不過，有幾件事情是不會改變的。

其中一項固定的行為模式就是我會盡可能早起，當作自己已經睡飽了。最近我都在清晨四點到六點之間起床，同時進行一個小實驗，試著不用鬧鐘、靠自己的力量來達成這個目標；如果身體需要多睡一點，我就會拿部分的早晨時光作交換，然後看看接下來一天的精神和活力有沒有「回本」，拿來補眠的時間損失到底值不值得。這種新的生活嘗試已經持續好幾個月了，目前我還不知道會有什麼樣的結果。畢竟還是得花點時間才能見真章嘛。

有些人天生就是晨型人，像我就是。所以對我而言，早起不但輕而易舉，更是一天之中最美好

的時刻。一般來說，早上四點到八點是我心情最愉快、態度最樂觀、腦子最靈光，而且創意最豐富的黃金時段。

養成這套習慣多久了？有什麼改變嗎？

簡單來說，重點在於我總是一起床就立刻上工。因為我的精神和能量會在早上十點後開始產生變化，所以通常我會在這之前完成所有創意工作；做完一大堆工作後，我就會開車上健身房，出門透透氣。當然啦，人生不如意事十之八九，有時難免會發生意外、出現無法掌控的情況，不過整體上我大約有百分之八十的時間都很堅持、徹底實行自己的晨間習慣。

我一邊在太平洋貝爾電信公司（Pacific Bell Telephone Company）上班、一邊畫《呆伯特》的時候，常常清晨四點就爬起來畫畫，接著通勤上班，並盡量在晚上十點左右上床睡覺。我發現自己雖然可以睡上五、六個小時，但還是有種沒睡飽的感覺。

幸好那段日子裡我的生活還算順利。以前進辦公室上班的時候，只要事情出了差錯、或是有人的表現不符合我的要求，我就會覺得很沮喪；不過，當我成為了兼職漫畫家，情況就變得很奇怪——所有白天發生在我身上的壞事都是我的創作養分，這些生活經驗不僅成為隔天的主題素材，也讓畫漫畫變得輕鬆許多。自此之後，我的態度就變成「很好，再多做一點蠢事吧」，這樣我就有東西可以畫了。我曾讀到驚悚大師史蒂芬·金（Stephen King）在《史蒂芬·金談寫作》（*On Writing: A Memoir of the Craft*）一書中提到同樣的概念。他說，假如你想成為作家，當保全（例如夜間保全）是個不錯的選擇，這樣你就可以每天坐在那裡眼神放空、神遊八小時。

你都幾點上床睡覺？

現在我試著晚上十一點上床睡覺。過去那幾年，也就是身兼兩份工作，早上四點起床、晚上十點就寢的時候，我只要一沾到枕頭就會立刻陷入熟睡狀態，這很明顯是睡眠不足的徵兆。疲勞有潛在的危險，會導致智商大幅下降。舉例來說，原本你的智商高達一百二十，可是在想睡覺的時候，智商就會掉到一百一十。

睡前會做些什麼，好讓隔天早上能輕鬆一點？

我會在睡覺前把所有事情做好。拜託，我可是世界級的生活劃分大師（Compartmentilizer）耶！大家老是問我：「你是不是整天都在想漫畫、尋找靈感，還有思考要畫些什麼？」我的答案是：「沒有啊，想都沒想過。」我只有在坐下來畫畫時才會想這些事，就這樣而已。

「在腦海中列出明天的待辦事項」是世界上最爛的助眠活動。我家有一條「七秒法則」，也就是到處都必須要有紙筆能讓我在七秒內拿到、把事情記錄下來，因為我的腦子頂多只能抓住一個想法七秒，太久的話就容易分心或忘記。

起床後大約多久才吃早餐？

以前早上我都會吃一根香蕉，但我不喜歡香蕉的升糖指數，所以已經改掉這個習慣了。現在我通常都吃一根高蛋白能量棒搭配咖啡當早餐。我每天早上起床第一件事就是去拿咖啡和能量棒，能量棒提供的營養燃料夠我用上好幾個小時。如果上午這段時間餓了，我就會吃點水果、堅果或是一顆酪梨等食物當點心。

你有晨間冥想的習慣嗎？

沒有。我是個受過專業訓練的催眠師。在學催眠的過程中，我發現訓練過的「自我催眠」比冥想還要有效，速度也更快。

你會一大早回覆電子郵件嗎？

說到電子郵件，最糟糕的反應就是「回信」，因為接下來只會你一封、我一封，沒完沒了。

事實上，我採用了以前一位哲學老師教我的小祕訣。他說只要信箱裡有信，首要任務就是放置兩個星期，這樣一來，兩週後對方要不是說「嗯，其實這件事也沒那麼重要，我們再用其他方式處理好了」，就是說「這件事還是很重要」；如果是第二種，那你就會知道這件事真的很重要，該動手做點什麼了。

你會用應用程式或產品來改善自己的晨間習慣嗎？

沒有。不過我有個理論，那就是你只需要追蹤一件事，如果能妥善追蹤這一點，你就會知道自己的效能有多高、生理和心理有多健康——這件事就是「睡眠狀態」。

我敢說，假設我們都用了睡眠追蹤裝置、而且剛好要一起開會，可是你的裝置顯示出「睡眠不足」，你知道我會怎麼做嗎？我會取消會議，因為在這種情況下開會不過是浪費時間而已。睡眠能反映出個人的焦慮情形、壓力狀態，甚至是疾病等問題。有些人不是睡太多、睡太少，就是在錯誤的時間睡覺。但是我敢保證，只要好好監測「睡眠」這件事，就能獲得評估個人狀態所需的其他變項。

你都在什麼時候查看手機？

我無時無刻都拿著手機，但是絕對不會有人打給我，因為我花了長達十年的心力不接電話，大家已經被我訓練得很好了。

你在週末時也會實行這套習慣嗎？

我每個週末早上都會在同一時間起床工作。我之所以這麼做，有部分原因在於身體完全不知道什麼是「起床」和「工作」，一旦問自己：「今天應該要工作，還是可以放鬆？」內心就會開始天人交戰、陷入掙扎。因此我的週末習慣其實就跟週間習慣差不多，只是少了點溝通和交流。我會坐在電腦前，不是寫書就是畫漫畫，沒有一次例外。

旅行的時候怎麼辦？

我在旅行、甚至是度假的時候，通常都會比同行的人早三到四個小時起床。我不喜歡睡過頭，也不打算睡過頭。過去我會在出發度假前先完成每天該畫的漫畫；不過現在有了輕巧的可攜式繪圖板，就算不在家，至少我也能寫寫漫畫劇情、畫畫草稿。

要是你沒有確切實行這套習慣怎麼辦？

那接下來一整天都毀了，所以幾乎沒有發生過這種事。這點我很確定。

偶爾我還是會睡過頭。我想應該一年不到兩次吧。我會在平常習慣的時間起床，可是因為太累，所以又躺回去睡，再醒來的時候大概是早上九點之類的。一旦發生這種情況，就會徹底搞砸我一整天的生活。雖然可能到晚上就沒事了，但是少了晨間習慣的日子，一切都很不對勁。

換你做做看

「只要在合理且適當的時間睡覺，早晨就會變成不可思議的獎賞。」

——加里克・范・布倫（Garrick Van Buren），產品策略師

導致晚上睡眠不足的原因有很多，從簡單到複雜的問題都有。

「太晚睡」就是非常明顯的問題根源。不要因為睡眠時間長就心滿意足、安於現狀；在固定的時間就寢能有效幫助你在固定的時間起床。你可能有聽過，睡前喝含有酒精或咖啡因的飲料對身體不好，睡前吃太多、太油也不是什麼理想的事，還可能會導致火燒心（胸口灼熱）等不適感；除此之外，若外面噪音太多、光線太強，影響到你的睡眠空間，請一定要妥善處理這些問題，睡前也要讓自己好好放鬆，因為忙碌的大腦和繁複的心思只會讓你更難入睡，進而嚴重影響你的睡眠品質。

最後，要是嘗試過本章提到的所有方法和建議，卻還是飽受睡眠不足所苦，就表示你可能有睡眠障礙、身體出現病況或受到處方藥的副作用影響。如果你有以上這些疑慮，請諮詢醫生，尋求專業的醫療協助。

正如強・古德在訪談裡所分享的：「當我們能量低落、意志力驟降時，就很容易做出糟糕的決

定。」你應該給自己一個機會好好實行晨間習慣，而要做到這一點最好的方法，就是讓自己充分休息、養足元氣。

當然啦，還有很多辦法能幫助你達成這個目標；你可以把這一章和前一章〈夜間習慣〉視為一組、搭配服用，全面掌握這項主題與相關建議，並妥善運用晚上的時間、讓自己一夜好眠，這樣隔天起床就能精神飽滿、充分利用早晨時光。以下是幾個小祕訣：

早點睡覺，輕鬆起床

想解決早上起不來或愛賴床的問題，最簡單的方法就是「早點睡」。晨間習慣蘊含著各式各樣的好處，千萬別剝奪了自己隔天早上享受這些好處的機會。

假如你經常工作到晚上，可以先做個幾週的實驗，看看早睡早起的成效如何、適不適合你。英國軟體開發工程師丹・康索爾（Dan Counsell）就說：「我經常在晚上工作，而且效果很好，但是我隔天都會覺得很累，脾氣也會變得很暴躁。年紀大了之後，我才發現睡覺真的很重要。現在我知道睡眠和健康、心情與日常專注力息息相關。就我的經驗來看，睡眠充足就是最棒的高產力小撇步。」

另外，你也應該試著每天都在固定的時間就寢和起床，就連週末也要比照辦理。這樣一來，你的身體很快就會和這種自然的生理時鐘同步，「每天同一時間起床」這件事也會變得易如反掌。

打造完美的睡眠環境

將臥室打造成優質的睡眠空間能讓你更容易入睡、降低失眠的風險。你可以：

1. 保持臥室昏暗，伸手不見五指的那種暗。雖然電燈確實讓人類的生活更方便、更美好，但人體沒有足夠的時間隨著這些科技演化、適應外界環境與家中與日俱增的人造光，因此這些光源就成了優質睡眠的敵人。若睡眠空間太亮，請用厚重的窗簾或戴上睡眠眼罩來隔絕光線。
2. 降低噪音。嘈雜的夜間噪音（如果住在大城市，噪音更是家常便飯）就算沒有把你吵醒，也一定會干擾睡眠。遇到這種情況，請用耳塞、電風扇或白噪音設備隔絕外界噪音。
3. 確保室內溫度能引導你進入優質的睡眠。涼爽的環境對睡眠大有助益。當今流行的失眠療法與夜間放鬆儀式「被動提高體溫法」（passive body heating）就主張在睡前一、兩個小時洗熱水澡，提高核心體溫；由於洗完澡後耗費了過多的能量讓身體降溫（體溫改變），因此會讓你昏昏欲睡。同樣的，洗冷水澡也會讓你產生想睡的感覺，因為你需要消耗能量讓核心體溫上升。所以無論要洗熱水或冷水都可以，體溫改變才是主要的關鍵。
4. 選張舒服的床墊。我們強烈建議你一定要買張好床墊。你不必大手筆買最新、最高級的產品，但是你想想看，自己這一生會花多少時間躺在這東西上面？一分錢一分貨，砸錢買張好床墊絕對不吃虧。

對付（暫時性）睡眠不足的技巧

這邊我們刻意不討論「睡越少、做越好」或「如何在睡眠不足的情況下提高生產力」等主題，因為一旦沒有獲取所需的睡眠，大多數人都只希望能成功應付過去就好。事實上，很多人都想相信自己一天只需要睡六個、甚至是五個小時，但這畢竟不是常態。沒錯，睡眠時間減少不會怎麼樣，但我們不能一邊訓練身體少睡，一邊要求自己依舊火力全開、用百分之百的能量運作。

「老實說，通常一天結束之際我都會感到筋疲力盡。閱讀能幫助我快速入眠。」

——傑夫・雷德（Jeff Raider），美國男士護理用品品牌 Harry's 共同創辦人

大部分的人每天都需要七到九個小時的睡眠。截自本書付梓為止，接受我們晨間習慣訪談的幾百位受訪者的平均睡眠時間是每晚七小時又二十九分鐘。如果你一直持續睡少於七個小時的話，早晚會付出代價的（而且「早」的機率比較大）。

話雖如此，只睡五、六個小時又狀況絕佳的人（也就是「短時間睡眠者」）確實存在，不過這種案例非常罕見，罕見到如果你覺得自己是這類型的人，我們會很有信心地告訴你：放心，絕對不是。

然而現實生活中，有時我們還是無法睡滿七到九個小時（記住，這是平均值，各人的狀況不盡相同，有些人可能屬於需要多睡的族群）。遇到這種情況，建議你可以在白天小睡片刻補眠。以下推薦兩種小睡模式：

1. 強效小睡（十到二十分鐘）：十到二十分鐘的強效小睡目的在於盡可能地追求最高效率，或是像澳洲福林德斯大學心理學教室里昂．萊克（Leon Lack）說的，讓小睡變得「很划算」。在強效小睡的過程中，你會停留在第二階段的淺眠狀態（第一階段是入睡），其中可能會包含一小段非快速動眼期（non-rapid eye movement，簡稱 NREM）。強效小睡過後，你會覺得思緒敏捷、精神飽滿，而且通常不太確定自己到底有沒有睡著。

2. 全睡眠週期小睡（九十分鐘）：是一種長達九十分鐘，涵蓋了整個睡眠週期的小睡模式。如果你覺得自己有睡眠不足的問題，這種模式能幫助你補充睡眠，而下午一點到三點之間執行的效果更好。在全睡眠週期小睡的過程中，你會經歷所有睡眠階段，從第二階段（淺眠，非快速動眼期）開始，經過第三和第四階段（深層慢波睡眠），接著是作夢階段，最後進入快速動眼睡眠（REM），然後反向倒推，直到你回到第二階段為止。採用這個方法前請先確實設好鬧鐘（九十分鐘），以免陷入睡眠倦怠，也就是醒來後的昏沉與遲鈍感（而且還會很想繼續睡）。

睡前避免攝取含有咖啡因的飲料

很多人（包含我們兩個在內）到了下午都會喝些像是咖啡、茶或能量飲料等含有咖啡因的飲品，導致晚上難以入睡，隔天早上醒來又因為睡眠不足而累得要命，只好立刻煮杯新鮮咖啡、泡杯茶來提提神，陷入一而再、再而三的無限迴圈，就像職場心理學教練梅樂蒂．威爾汀說的：「咖啡因是應付疲倦的狗皮膏藥。」

我們兩個都很愛喝茶和咖啡，但我們發現下午特定的時間過後還是不要喝比較好。如果想在晚上或睡前喝點熱飲的話，市面上有很多不含咖啡因的花草茶，這些飲品不但不會妨礙睡眠，可能還有助眠的效果喔。

把電子裝置放到臥室以外的地方

藍光（手機、平板及電腦螢幕釋放出來的光線）會刺激大腦特定區塊的反應次數與活躍度（但這些區塊在睡眠期間應該要慢下來、減少活動才對），進而改變我們的生理時鐘、抑制褪黑激素，讓我們保持在清醒、警戒的狀態。

藍光影響睡眠的程度之大，導致現在甚至出現了一種名為「藍光療法」的治療方式，讓季節性情緒失調（又稱冬季憂鬱症）患者坐在光箱前，每天進行多次療程，幫助他們恢復精神與活力。雖然市面上有不少適用於大多數設備的藍光過濾產品，但這些都只是「過濾」而已，亦即減少設備所釋放出來的藍光量，而非完全消除藍光。

想改善這個問題，可以將睡前活動改為閱讀（例如看小說或其他與工作無關的讀物）等不會接觸到藍光的活動，不要用電腦或滑手機（例如查看電子郵件、上社群網站等），因為這樣只會讓你一起床就陷入同樣的循環。也許你會想，如果是用手機當鬧鐘怎麼辦？這樣放到別的房間要怎麼起床？答案是：請接受事實，一樣把手機放到房間以外的地方，擁抱這種暫時輾轉難眠所帶來的好處[2]，或是買個傳統鬧鐘。班傑明的太太在他去年生日時就送了他一個當禮物，從那時候開始，他們夫妻倆晚上都會把手機放到臥室以外的地方。

利用週末的時間補眠

雖然我們主張每天晚上都要盡可能讓自己獲得所需的睡眠，好讓身體養成適當的睡眠作息，但有時仍不得不向現實生活妥協。科技作家班．布魯克斯（Ben Brooks）就說：「週末我不工作，所以我會把早上的時間全都拿來陪小孩。如果當天有什麼特別計畫，我還是會比他們早起；假如沒有計畫，我就會多睡一個小時。」

你必須在「睡眠」與「週末早起以實行晨間習慣」之間權衡得失，評估一下為了習慣而犧牲睡眠到底不值得。請將作家強．奧克弗（Jon Acuff）這段話牢記在心，「我會說，要是沒有睡好或運

---

2 詳情請見第七章有關畢茲．史東的訪談內容。

動的話，我會覺得壓力比較大、也比較沒動力。睡覺是很重要的事。很多愚蠢企業家都說；『全年無休！死了之後愛睡多久就睡多久！』但這並不是成功的方法，而是累垮和離婚的方法。休息是保持活力的關鍵。我覺得在這個頌揚忙碌的世界裡，休息是很有勇氣的行為。」

反向操作

沒有什麼反向操作手法能讓你睡好睡飽。

第七章
父母的考驗

一邊被孩子追著跑、一邊維持表面習慣的晨活小撇步

有孩子前的晨間習慣

有孩子後的晨間習慣

如果你有孩子，記住，你就跟其他人一樣值得擁有一套積極且生產力豐沛的晨間習慣；如果你沒有孩子，那這章讀起來還是會滿有趣的，因為很多重點都能轉化成你的個人習慣。

先聲明一下，其實我們兩個都還沒當爸爸。不過接下來要分享的晨間習慣與生活經驗都來自貨真價實的父母，他們就跟你一樣努力試著在過程中理清頭緒、找出最適當的方式，並調整自身習慣以配合家庭與孩子多變的需求。

這一章我們要看看為什麼推特共同創辦人畢茲．史東（Biz Stone）把「陪兒子玩」這件事視為早晨的首要任務；時尚生活品牌 Cupcakes and Cashmere 創辦人艾蜜莉．舒曼（Emily Schuman）是如何在升格人母後變得更以習慣為目標、晨間專注力更強；「追著小孩滿屋子跑」是怎麼變成記者兼作家尼克．比爾頓成為人父後的晨間運動，以及其他人的經驗分享。

一大早陪兒子玩就是生活中唯一所需的冥想

畢茲．史東
推特與部落格媒體平臺 Medium 共同創辦人

你有哪些晨間習慣？

我的五歲兒子傑克會在早上六點半或七點叫我起床，而起床後的第一件事就是陪他玩。我們早上必玩的就是樂高，已經玩了好幾年了，不過最近他發現 iPad 版的冒險遊戲「當個創世神」（Minecraft），我們會用內網（區域網路）一起玩，玩家就只有我跟他而已。通常我們會選擇「創造模式」，這樣就不會遇上什麼壞事，而且要什麼有什麼，可以盡情揮灑創意、打造出很棒的東西。

陪兒子玩大約一個小時之後，我就會去換衣服，而且速度超快，因為我有算是制服之類的東西。我每天都穿黑色T恤、牛仔褲和藍色的 Converse 帆布鞋，所以完全不需要花時間想今天如何穿搭。換好衣服後，我太太會幫我們做些簡單又清爽的早餐（例如麥片、水果或吐司配酪梨等），接著我會去公司上班，順便送傑克去上學。

養成這套習慣多久了？有什麼改變嗎？

自傑克出生那一刻起，我就一直把「陪他玩」當成早上起床的第一要務。當了爸爸後，我的習慣還是跟以前差不多，沒什麼改變。

你是靠鬧鐘起床的嗎？

我不用鬧鐘，因為我兒子就是我的鬧鐘，而且一般來說我也會在同樣的時間點自然醒。我只在需要超早起床去機場趕飛機的時候才會設鬧鐘。

你有晨間冥想的習慣嗎？

沒有，我都是醒來後直接走進現實生活。除非陪我兒子玩也算是一種冥想。

你都在什麼時候查看手機？

我早上不看手機的。我只會拔掉充電線，把手機連同鑰匙和皮夾一起放在大門旁的櫃子上，以免出門時忘記帶。有時我會在吃完早餐後花個五分鐘看一下 iPad，確保自己沒有錯過什麼重大消息。

你早上起床後會先喝什麼？在什麼時候喝？

我會先喝一大瓶水，滿滿一瓶喔。醫生告訴我，其實我們每個人都有水分不足的問題，所以我大概在幾年前就開始養成習慣，每天早上空腹喝水，喝完之後，我會再喝咖啡。

旅行的時候怎麼辦？

每次只要出差住飯店，這套晨間習慣就會被我拋諸腦後，我也會手足無措、不知道該怎麼辦才好。通常遇到這種情況，我都會告訴自己一定要好好計畫、徹底執行，否則就會缺乏目標、迷失方向。

要是你沒有確切實行這套習慣呢？

要是早上沒時間或沒辦法陪兒子玩的話，我會覺得自己好像錯失了什麼再也拿不回來的東西。能在變身成「主管」前用五歲小孩的心態度過早晨時光，真的是一件很幸福而且快樂的事。

利用早晨時光給予孩子滿滿的愛、時間與關注，因為他們值得

艾蜜莉・舒曼
時尚生活品牌 Cupcakes and Cashmere 創辦人

你有哪些晨間習慣？

我每天都早上六點左右起床，而且從來不用鬧鐘（除非需要趕超早的班機）。雖然我覺得全遮光窗簾很棒，但我和我先生還是會把窗簾拉開，讓陽光從窗戶灑進來。

醒來後我會跟我先生說早安，接著查看電子郵件。以前我還會上社群網站，但我發現自己很容易陷進去，有時一耗就是半小時，反而忘了專注在當下。起床後我會洗臉、擦精華液和乳液，刷牙，然後換上瑜伽褲和排汗衫，走進絲洛安（我的兩歲女兒）的房間。她都在早上六點到七點之間醒來，我的作息確實有受到她的影響。因為她喜歡悠悠哉哉地起床，所以我會先陪她玩一下，唸一些故事書給她聽（她則躺在嬰兒床上享受），接著再幫她換衣服、餵她吃早餐。以前我都把自己的飲食習慣套用在她身上，後來我才意識到，小孩子喜歡不一樣的變化，所以我會幫她切一些水果、準備鬆餅和優格，旁邊再放一些契瑞歐（Cheerios）圈圈穀片。

絲洛安吃完早餐後，我們會一邊聽音樂（最近常聽的是《海洋奇緣》電影原聲帶），一邊畫畫、玩培樂多（Play-Doh）黏土或是廚房家家酒，自己做「餅乾」、「披薩」、「義大利麵」和「濃湯」。保姆會在早上八點半到，這時我就能回房間化妝、刷牙、換衣服，然後親親絲洛安，準備出門。

養成這套習慣多久了？有什麼改變嗎？

大約一年半左右。我一直都很早起，不過自從當了媽媽後，我的重心與專注力確實有所改變。以前我比較隨興，不太拘泥於晨間習慣，但我發現習慣真的能讓小孩活力充沛、健康成長（其實我也是啦），所以是個好的改變。雖然等她去上幼稚園之後，我們早上一起閱讀玩耍的時間就會減少，但我還是想在出門前把這個家打造成一個寧靜又快樂的生活環境。

睡前會做些什麼，好讓隔天早上能輕鬆一點？

如果隔天早上要上健身課（我的目標是一週運動兩次），我就會先把運動服拿出來，這樣就不必在早上七點之前做任何決定；如果不用上健身課，偶爾我會利用這段時間預先準備早餐，煮些燕麥或穀麥。

你不用鬧鐘的原因是什麼？

我已經當晨型人當一輩子了。我小時候還有家用電話的那個年代，我朋友的爸媽都會特別規定一個時間，要我只能在那段時間打電話過去，因為要是沒規定的話，我大概會凌晨五點半打去他們家。我只有在非常罕見的特殊情況下才會用鬧鐘，但我絕對不會按貪睡鍵。我好像真的從來沒按過耶！倒也不是因為我不想繼續睡，而是因為我很怕自己會睡過頭，違背了原本早起所追求的意義和初衷。

你早上最重要的任務是什麼？

把絲洛安餵得飽飽的，讓她感受到我全部的愛、時間與關注。這樣我就會充滿幹勁。

你的伴侶會怎麼配合、融入你的晨間習慣？

我和我先生早上會輪流照顧絲洛安。輪到我的時候，他就可以做自己想做的事，像是陪我們一起玩、或是賴在床上，不過大多時候他都會去健身房上課。

你在週末時也會實行這套習慣嗎？

要是家裡有嬰幼兒，爸媽真的很難睡得比平常晚，不過我和我先生本來就不太會賴床，因此這段過渡期並沒有想像中那麼難熬。週末時我幾乎整天都穿著家居服或休閒服，完全不會化妝打扮，再加上保姆週末不會來，所以我們全家會利用這段時間一起出去探險、做些好玩的事（最近我們常去的地方有海灘、跳跳床樂園、農場、動物園、水族館，還有去格里斐斯公園（Grifith Park）騎小馬和坐旋轉木馬）。

要是你沒有確切實行這套習慣呢？

幾週前，有天早上輪到我先生照顧絲洛安。我在早上五點半醒來，就開始坐在床上讀書。我以為自己會跟他一起起床、和家人共度一段時光，然後再準備出門上班。但不知怎麼地，我竟然又睡著了，這一睡就睡到八點二十——簡直是難得一見的回籠覺，何況我們家可是有個兩歲大的小小孩呢！感覺好奢侈，即使那一睡導致我後來整個早上都匆匆忙忙的，但還是挺令人驚喜。或許不小心睡著也算是種提醒：我們不時還是要留點時間給自己，這點很重要。

伴侶就是最棒的人體鬧鐘

亞曼達．海瑟（Amanda Hesser）
知名美食網站 Food52 執行長、食譜作家

你有哪些晨間習慣？

世界上沒有一個鬧鐘叫得醒我，幸好我先生泰德很有耐心叫我起床，時間通常是早上六點四十五分左右。我沒辦法立刻跳下床，因為我醒來的速度就跟冰河流動的速度一樣慢。

等到終於睜開眼睛（大概要花五到十分鐘。我的眼皮真的很重嘛！），我會拿起手機讀新聞，讓大腦動起來。成功脫離被窩、滑下床鋪後（多半是因為我聽到泰德朝房間走過來、準備看我在幹嘛的腳步聲），我會先喝一大杯水，這種方式能讓我徹底清醒，洗淨睡眠期間所產生的雜質。

泰德會幫孩子（一對十歲的雙胞胎）做早餐，並在他們吃飯時唸故事給他們聽；通常我會在這個時候慢慢晃進廚房，一邊聽故事（目前是《魔戒》），一邊替孩子準備午餐。打包好午餐後，我會做五到十分鐘的瑜伽、洗超熱的熱水澡，然後花十五分鐘的時間準備，最後大多都是兩個孩子跟在我後面匆匆忙忙地跑出門（因為我快遲到了），而我不但包包亂背，就連太陽眼鏡也沒戴好。

你都幾點上床睡覺？

以前我是標準的夜貓子，晚上十一點後才會開啟效率模式，我會一直快樂地工作到凌晨兩點，但熬夜換來的就是難受的早晨。

大概三年前吧，我的作息突然有了劇烈的改變。我發現晚上睡不好會削弱自身的彈性與復原能力，再說我也沒辦法像以前一樣撐那麼晚了。剛開始我還以為自己快死了，不過當然啦，隨著時間過去，我越來越喜歡、也越來越感謝新的生理鬧鐘，讓我不得不採取更健康的睡眠模式。現在我都晚上十點或十點半就寢，大約十一點就會睡著了。

睡前會做些什麼，好讓隔天早上能輕鬆一點？

泰德常常拿這個來笑我，可是積習難改嘛。我從小就有個習慣，會在晚上選好隔天上學要穿的衣服，現在我還是這樣，而且從內衣到首飾一件不漏。喔，我還會整理皮夾和包包，這個儀式能讓我在睡前穩定情緒、感受平靜。

除此之外，我也會打掃廚房，這樣隔天一早就有乾淨的廚房可以用。對我來說，世界上最令人抑鬱的莫過於早上走進亂七八糟的廚房了。

起床後大約多久才吃早餐？

如果必須直接進辦公室的話，我會帶個可頌麵包和低咖啡因咖啡加豆奶。我們還是不要聊低咖啡因咖啡和豆奶好了，因為這兩樣東西都讓我覺得很沮喪，不過我非喝不可。

跟午餐聚會相比，我比較喜歡早餐聚會。只要跟人家約吃早餐，我都會點兩顆水波蛋、奶油吐司、柳橙汁和咖啡。早上我喜歡吃平淡又健康的餐點，至於那些有趣的古怪食物就留到午餐或晚餐再吃吧。

早晨要留給最親、最重要的人

鮑伯・佛格森
美國華盛頓州檢察長

你有哪些晨間習慣？

我每天早上會在五點到六點半之間起床。我的習慣很簡單。首先，我會享受一點私人時光，悠閒地吃早餐、喝咖啡、看晨間新聞（好吧，這個時間看新聞好像有點太早了），然後去叫我們家的九歲雙胞胎（傑克和凱蒂）和我太太柯琳起床，並幫孩子做好準備、送他們去上學。

傑克和凱蒂每天都準時七點半醒來，簡直跟上了發條沒兩樣。我很喜歡叫他們起床。凱蒂會立刻跳起來，臉上掛著燦爛的笑容，傑克就比較棘手。起床後我們會一邊聊天（通常是我、凱蒂和柯琳在聊，傑克則剛爬起來），一邊準備早餐。他們倆很喜歡邊吃早餐邊看書。我覺得晨間生活真的很重要，我希望孩子每天都能有個好的開始……晚點上班、晚點開會或晚點做其他事都很簡單，再說我無法保證自己當天稍晚一定有時間陪他們，所以我想把早上這段時間留給我的孩子。

睡前會做些什麼，好讓隔天早上能輕鬆一點？

我會盡量避免在早上開會，因為我想在家陪孩子。如果必須早早出門的話，我就會在前一晚把要穿的衣服和必備物品準備好，這樣就能悄悄地換裝、悄悄地走出去，不會吵醒其他人。

你會一大早回覆電子郵件嗎？

雖然我起床後會用手機看新聞，但我都盡量晚一點再回信。早上這段時間是屬於我和家人的。

你在週末時也會實行這套習慣嗎？

有時傑克和柯琳會睡晚一點，但凱蒂總是很早起，所以通常週末早上我們會有一對一的父女時光。我會在她房間讀書給她聽；傑克起床後，我一樣會到他的房間講故事，在展開一天的生活前享受片刻美好。

原來我的孩子是個可愛的小獨裁者

潔咪．摩利亞（Jamie Morea）
美國知名保健品牌合百益（Hyperbiotics）與保養品牌Valencia Skin Care共同創辦人

你有哪些晨間習慣？

關於我的晨間習慣，我想先用一件簡單的事實作為接下來所有答案的開場白：我是個還在餵母乳、母嬰同室的媽媽，也很努力想遵循自己的習慣，但我兒子顯然很高興看到我脫序演出。順利度過一夜後，我（們）會在早上七點半左右起床，迎接燦爛美好的早晨。我兒子喜歡用牛奶和抱抱作為一天的開始，所以通常我們會躺在床上好一會兒（讓我有時間慢慢清醒），過沒多久，我可愛的小獨裁者突然發現這樣很無聊，還是來玩比較好；他會叫我們家的狗狗安妮過來，然後嚷著要去外面。

這時，我的救命恩人（也就是我先生）會去替我準備用「瑞士水處理法」處理過的低咖啡因（Swiss-Water-process-decaf）拿鐵，還有自己做的杏仁牛奶和中鏈脂肪酸油（MCT oil）。最近我為了實行鹼性飲食法而降低咖啡因攝取量，不過多虧了巴夫洛夫的古典制約理論（Pavlovian conditioning）[1]如果看起來像咖啡、喝起來也像咖啡，對我來說就有咖啡的效果。

天氣好（而且一切順利）的話，我先生會帶著孩子去外面玩，這時我會偷偷溜到樓上做個簡單的冥想、練一下瑜伽。

媽媽這個新角色讓我不得不坦然接受彈性、學習變通，無論生活給了我什麼，我都要充分利用、做得盡善盡美。以前我都睡八到九個小時，起床後就冥想、做瑜伽、寫日記，同時整理思緒、設定目標，甚至還能大膽地打扮、用創意展現自我風格，花一大堆時間挑衣服和弄頭髮。哈！我知道每個孩子都不一樣，但我家這個根本稱不上乖，更別說隨和了。為了培養、支持他那激烈又鮮明的個性，我幾乎徹底改變了我的生活。我知道將來有一天他就沒那麼需要我了，到時我就能重新拾回心目中理想又井然有序的作風。

不過美好與良善來自於內在。這段日子我們隨機應變、順其自然，許多不如意的事都因為我們換個角度、轉個念頭，變成了充滿正能量的好事。

起床後大約多久才吃早餐？

自從知道間歇性斷食（intermittent fasting）對內臟健康的影響與好處後，我就非常崇尚這種飲食法，因此我盡量拉長晚餐與隔天早上首次進食的時間間隔，通常可以拉到整整十二個小時，有時甚至會到十五個小時。

你有晨間冥想的習慣嗎？

我會練習吠陀冥想（Vedic meditation）。幾年前我參加了一個冥想課程，這門課不僅讓我養成操練的習慣，也讓我產生了由內而外的改變。我們每個人都有進入全然平和、寧靜與維持思緒澄澈的超能力。

你早上最重要的任務是什麼？

和我先生討論當天的計畫，看看要怎麼分配任務、各個擊破（通常取決於誰比較累）。

要是你沒有確切實行這套習慣呢？

以前要是沒辦法依照習慣、用自己的方式展開新的一天，我就會覺得心煩意亂；現在我會盡我所能地把這些不順心當成人生中的禮物。每次只要我在覺得不對勁的情況下設法調整、找到自己的方向，最後都會發現很多很棒的驚喜。

1 巴夫洛夫制約又稱為古典制約、反應制約，是俄國心理學家伊凡·巴夫洛夫（Ivan Pavlov）於一八九〇年代無意間發現的理論。當時他正在研究唾液於狗狗消化過程中所扮演的角色，結果注意到狗會因為想被餵食而開始分泌唾液，就算眼前沒有食物也一樣。

所以，我不會因為兒子凌晨四點醒來而覺得煩心，反倒會試著專注在身為母親的美好。這些年能有這麼一個小寶貝全心全意地信任我、依賴我，是我的榮幸。

晨間大亂鬥：保護狗狗遠離小孩、寶寶遠離狗狗、小孩遠離他自己

尼克・比爾頓
《浮華世界》（*Vanity Fair*）雜誌特派記者、《美國大人物》（*American Kinpin*，暫譯）作者

你有哪些晨間習慣？

我有兩套晨間習慣，一套是有小孩前，一套是有小孩後。

升格當爸爸之前（我們有兩個兩歲以下的小小孩），我的早晨既文明又優雅。我會在早上六點左右起床，餵狗、煮咖啡、換上老舊的連帽衫，然後坐在辦公室裡不是看書就是寫稿（或兩個都做）。寫書稿或雜誌專題的時候，我會把無線網路關掉，將手機設成飛航模式，這樣就不會看到新郵件塞爆信箱，或被不重要的通知聲和震動嚇到。網路很容易讓人分心，如果需要為筆下的文章段落找資料，我可以晚一點再找（通常這時候我會喝第二杯咖啡）。除此之外，我還發現自己可以在起床後幾個小時內，也就是早上一個人在辦公室、完全沒有干擾的時候，寫出比接下來十二個小時還要多的東西。大概八點半左右，我太太就會起床，這時我會幫她把咖啡送到床邊，然後出去遛狗。

有了小孩後，一切都變了。現在我用的是第二套晨間習慣：早上五點半起床，通常都是被我兩

歲兒子的「噠噠！」、「樓下！」、「卡通！」和「蛋蛋！」的聲響召喚過去。幸好我不太需要睡覺（大概睡五小時就夠了），但是我和我太太經常半夜醒來好幾次，所以這時的我依然睡眼惺忪。接下來就是一連串大亂鬥，保護狗狗遠離小孩、寶寶遠離狗狗、小孩遠離他自己，做早餐、灌好幾杯咖啡、追著我兒子跑（他會一邊尖叫，一邊在屋子和院子裡跑來跑去，好像自己是世界摔角聯盟錦標賽選手一樣）。我們會用「全家一起出門遛狗」（這是我一天之中最喜歡的時光）這招來打斷這場混亂。夠幸運的話，我會在早上九點半左右，也就是保姆來的時候開始寫作，不過通常到最後我都會去咖啡廳工作，因為家裡實在是太混亂了。

養成這套習慣多久了？有什麼改變嗎？

第一套習慣我堅持了很多年。擔任《浮華世界》雜誌特派記者之前，我是《紐約時報》記者和專欄作家，同時也在寫書，因此我會在早上六點起床，用前兩、三個小時撰寫書稿，接著把稿子放一邊，開始處理《紐約時報》的工作，晚上睡覺前再回頭編輯書稿。

新習慣到目前為止持續了整整兩年。我真心覺得等孩子大了之後，這兩套習慣一定會混合在一起、彼此交融。不過在這之前還是要等一段時間啦。

有小孩前的晨間習慣就像夏日午後坐在古色古香的船上，周圍環繞著寧靜的湖泊，鳥兒輕快地飛翔，柔柔的微風拂過樹梢；有小孩後的習慣比較像坐在巨型貨輪上，四周是無邊無際的海洋，冷冽東北風暴（nor'easter）在遠方咆哮，掀起一波波洶湧的大浪，看起來有如矗立在海中的高山。老實說，這兩種習慣我都很喜歡，只是內容非常、非常不一樣而已。

你都幾點上床睡覺？

我都晚上十點半或十一點左右上床，然後滑一下手機（對啦我知道是壞習慣），約莫三十分鐘後睡。我一沾到枕頭就會立刻睡著，真的，完全不誇張。

你是靠鬧鐘起床的嗎？

不是。我已經有個會在早上五點半叫我起床的人體小鬧鐘了，如果人體小鬧鐘睡過頭的話（很少啦，不過偶爾還是會），我的四條腿鬧鐘一定會在早上六點一邊搖尾巴，一邊用濕濕的鼻子戳我的臉、叫我起床。

你有晨間運動的習慣嗎？

有啊，追著小孩滿屋子跑。

你早上起床後會先喝什麼？在什麼時候喝？

咖啡——黑咖啡。起床後幾分鐘內就會喝了。

你的伴侶會怎麼配合、融入你的晨間習慣？

為了照顧寶寶，我太太必須半夜起床好幾次，所以我會盡量讓她休息。如果她晚上成功擠出一點時間睡覺（通常不太可能），我們就會全家人一起共度早晨時光，動手做鬆餅、出去散散步之類的。說真的，這才是最棒的晨間習慣。

旅行的時候怎麼辦？

出差住飯店的時候，我會竭盡所能地讓自己回到還沒當爸爸前的作息、採用舊的晨間習慣，也就是盡可能早起，並在當天的行程正式開始之前，先工作幾個小時。

還有什麼想補充的嗎？

二十歲出頭的我覺得「習慣」很無聊，只有那些不想嘗試新事物的人才會有什麼習慣。我還記得以前我每天早上都會刻意走不同的路去上班，或是每天去不同的咖啡店之類的。然而隨著年紀越來越大，我對晨間習慣的好感度也越來越高，無論是一個人坐在辦公室寫稿，還是追著兩歲兒子滿屋子跑，我都樂此不疲。

換你做做看

「值得注意的是，同樣是晨間習慣，有小孩和沒小孩真的是天差地遠。」

——戴夫・亞斯普雷（Dave Asprey），防彈咖啡創始人

根據我們的研究，戴夫說的一點也沒錯。若你在當爸媽前已經養成了一套晨間習慣，你可能會發現，在你試著把寶寶加進來的那一刻，舊有的習慣就不再適用，只能放棄了。茱莉・周在訪談過程中坦言：「當媽媽前我對自己的早晨生活沒那麼嚴格；有了小孩後，要做的可多了。」

以下是我們多方蒐集來的小祕訣，教你如何在家有小小孩的情況下調整、適應與享受晨間習慣：

比孩子早起

你需要一點獨處時間。你可能在寶寶剛出生那段期間犧牲了自己的每分每秒，只為了讓孩子健康成長，每個新手爸媽都會經歷這種過渡期。身兼作家與紐約公共電臺工作室（WNYC Studio）podcast 節目主持人的瑪諾許・佐莫洛迪（Manoush Zomorodi）就說：「當媽媽前的我完全不是什

麼晨型人，而剛生完孩子那段期間，我只能盡量趁他們睡覺時補眠。我到底為什麼要在自己無時無刻累得半死的時候設鬧鐘啊?!現在我們的生活比較有秩序了，所以我決定要在面對那些忙亂瑣事、替孩子準備好出門上學前，享受一下能完成自己想做的事的快樂。」

當然，不是每個人都適用這個方法，要視孩子晚上睡覺的情況而定。如果家裡有小寶寶，我們建議你睡覺優先，晨間習慣暫時放一邊，不然你很難有時間可以睡覺。但要是你真的能比孩子早起，那就試試這個方法吧。

「現在看來，沒有孩子的早晨真的好奢侈、好愜意喔！不過只要我能確實在我兒子醒來之前起床、做好萬全的準備，我就會覺得好多了。」

——蘿拉．羅德（Laura Roeder），企業家

比孩子早起能讓你在早上擁有一段不受干擾的時光。不要讓孩子的起床時間變成你的起床時間，否則你永遠無法保有自己的獨處時間。此外，獨處時間也有助於在孩子起床後給予他們全心全意的關注。

依照孩子的需求來調整晨間習慣

挪威藝術家維多利亞．杜納克（Victoria Durnak）說：「和嬰兒一起生活就等於不斷進行習慣

的妥協。我們會遵循一套習慣，但只要我兒子學會了什麼新東西、開始長牙、因為什麼事不開心、或是有不同的需求，我們就必須改變這套習慣。」同樣的，潔咪．摩利亞也在訪談中表示：「媽媽這個新角色讓我不得不坦然接受彈性、學習變通，無論生活給了我什麼，我都要充分利用、做得盡善盡美。」

隨著孩子慢慢長大，他們的習慣也必須視實際情況進行調整或改變。知名美食網站Food52共同創辦人暨董事長梅柔．史塔布斯（Merrill Stubbs）提出了一個超越時空限制的永恆觀點：「重點在於彈性和不可預測性。我知道自己不能太執著於特定的習慣，否則一旦出了岔子，我就會很失望。人生嘛，難免會有些屎事。我是說，像是孩子大便的時候。」

習慣有助於孩子成長

孩子多半和成人一樣能從習慣中獲益、有所成長；從寶寶和小孩的角度來看，跟父母一起培養、實踐晨間習慣對他們一生的人格發展與整體幸福感來說至關重要。

帶著寶寶和小孩一起旅行的時候，請盡可能採用與在家時相同或相近的習慣。規畫與確切實行習慣非常重要，等到孩子開始上學後，你一定會感謝自己：那些讓孩子準備上學的晨間習慣在他們長大後也同樣適用。

梅柔．史塔布斯告訴我們，他早上最重要的任務就是「讓大家準時出門；我覺得用『火力全開』來比喻我的早晨生活再貼切不過了。」

早上不要看手機等電子裝置

雖然說的比做的簡單，我們還是建議你把這項設為家裡的習慣，規定自己早上在孩子面前不要用手機或其他裝置（如果必須快速看一下手機，請到房間內關上門再看）。

「我盡量在我先生和兒子出門上學／上班後才看手機。這麼做能讓我把焦點放在孩子身上，全心全意地專注在與他共度的那一刻。」

——蘿賓．迪凡（Robyn Devine），企業家

這個方法能讓你把注意力放在孩子身上，好讓你能和他們盡情享受一起做早餐、吃早餐的樂趣；等孩子長大之後，你可以利用早晨時光陪他們聊聊天、問他們今天有什麼計畫、最期待什麼。只要你全心全意地活在當下、好好陪伴孩子，他們一定會記得這些美好的親子時光。

每天早上好好說再見

如果你白天不用帶小孩，請一定要每天早上好好說再見，以確保他們（和你自己）的情緒處於健康狀態。丹．康索爾在訪談中告訴我們，他每天早上最重要的任務就是「好好跟我的太太和孩子說再見，而且還要又親又抱，說好多次『我愛你們』。聽起來可能甜的有點噁心，但對我來說，家

人是全世界最重要的事。」

敞開心胸、擁抱這些重要時刻吧！記得要帶著積極陽光的態度，快快樂樂出門喔！

記住，這只是暫時的

從正面和負面的角度來看，新手爸媽這個角色只是暫時的。就算你有四、五個孩子，每段新生兒時期也都轉瞬即逝，不會一直持續下去。請好好體驗這段獨特的人生，並把這句話記在心裡：一旦這段時間過去，你就能回到熟悉的生活模式，專注在自己身上。

軟體科技公司 Highrise 執行長納森．康特尼（Nathan Kontny）以簡單的一段話詮釋了這個概念：「我很喜歡在早上陪我女兒一起玩耍、吃東西和看書。這能讓我產生一種踏實感，完全掌握接下來一整天的生活。」

「親子一起共度早晨時光，讓一天有個很棒的開始」是你和孩子整體幸福的關鍵，所以欣然接受、好好享受吧，這才是最重要的。同時是設計師與作家的曼紐爾．利馬（Manuel Lima）就說：「克蘿伊出生前，我總是試著保持運動習慣，盡量吃得健康一點，但我往往會工作到很晚，累到隔天早上狂按貪睡鍵，最後只能急急忙忙衝出門上班，連個像樣的早餐都沒吃。克蘿伊讓我晚上不得不早點上床睡覺，過程中我也開始學會享受清晨的寧靜與悠閒吃早餐的美好。現在，我想我應該回不去那段看似很有彈性、實則亂七八糟的習慣了。」

反向操作

沒有什麼反向操作手法，只要記住，這些都只是暫時的。

第八章
照顧自己，寵愛自己

溫柔展開每一天的自我關愛策略

他會在殼裡待到早上八點。那是專屬於他的個人時間。

早晨是能讓我們像白紙一樣乾乾淨淨、重新開始的最佳時機，其他時段都無法達到這個境地。不過這張白紙可能很快就會沾上日常生活中的責任義務、變得色彩斑駁，打亂了我們「保持思緒清明與心情平靜」的完美計畫。

假如我們告訴你，其實有方法能讓這張白紙長時間保持乾淨、不會那麼快就弄髒呢？其實只要放慢早上的步調，就能放慢一整天的步調？其實你可以保有個人所需的時間與空間好好照顧自己、寵愛自己，滿足內在深處的需求，並用溫柔的方式開啟新的一天，而且不僅對自己溫柔、對伴侶溫柔，也對周遭的一切溫柔？

這一章我們要看看獲獎無數的日本插畫家清水裕子早上之所以選擇搭慢車去工作的原因；藝術家與插畫家麗莎·康頓（Lisa Congdon）的晨間習慣是如何幫助他維持頭腦清醒、激發創造力；為什麼約翰·貝拉迪博士（Dr. John Berardi）每天早上都會坐在廚房流理臺上，以及其他人的晨間習慣。

使出渾身解數，用科學協助記憶、回想夢境

艾兒・露娜／藝術家、
《這就是我背叛自己的方式》（*The Corssroads of Should and Must*，簡中版譯名）作者

你有哪些晨間習慣？

我起床後的第一件事就是努力回想夢境！你記得你作的夢嗎？或許這很奇怪，但我認為記住夢境真的非常重要。夢境似乎蘊藏了所有關於真相的線索與深刻的見解，而歷史上也有不少人從夢境中學習、了解到了什麼。你知道瑪麗・雪萊（Mary Shelley）創作《科學怪人》（*Frankenstein*）的原因和靈感源自於她的夢嗎？還有披頭四成員暨傳奇音樂人保羅・麥卡尼（Paul McCartney）寫的〈昨日〉（Yesterday）這首歌，其實是他在夢裡聽到的曲調？除此之外，心理學家卡爾・榮格（Carl Jung）不僅研究自己的夢，還和另一位心理學巨擘佛洛伊德（Sigmund Freud）分享研究成果，而且現在市面上也買得到神話學家喬瑟夫・坎伯寫的《符號之書》（*The Book of Symbols*，暫譯），書中以編年史的方式記錄了許多夢境和符號，內容精采絕倫，真的很不可思議。

我發現捕捉夢境最有效的方法就是用手機錄音。我會在半夢半醒之際詳細口述，把夢境內容錄

下來；除此之外，我還會形容一下夢境帶給我的感受，讓內容更確切、更貼近真實。比方說，有一次我夢到一隻超大的眼鏡蛇出現在我面前，一般我認為夢到蛇是恐怖的象徵，但描述夢境的時候，我注意到這隻蛇充滿力與美，給人一種非常雄偉、莊嚴的感覺，所以我就不怕了。我記得榮格好像說過，夢境最重要的部分在於它對我們的意義，以及我們對夢的詮釋。重點不是解夢大全上的象徵意涵分析，也不是朋友的想法，而是自己當下如何詮釋這些夢境。我很喜歡這個觀點。

捕捉並描述完夢境後，我和提利（我的可卡犬）會一起出門悠閒地散散步，這裡蹭蹭、那裡蹭蹭，走走停停，探索各式各樣的事物。

接下來就是喝咖啡啦。以前我一天會喝好幾杯咖啡；有一天，鄰居麥可煮了一杯超好喝的咖啡給我，我這輩子從來沒喝過這麼驚為天人的咖啡，我只要這杯就夠了。就這樣，我從一天喝好幾杯的咖啡狂變成一天只喝一杯。我還記得那個早上我看著麥可閉上眼睛、專心地聞袋子裡的咖啡豆，然後走過來把袋子湊到我鼻子底下，問我：「你聞到了什麼？」是櫻桃和玫瑰！我以前從來沒有像這樣花時間好好聞家裡的咖啡豆。從煮水到啜飲第一口咖啡，麥可的一舉一動都全心全意、純粹地活在當下，那天我從他身上學到了很多。自此之後，早上煮咖啡就變成我生活中非常特別的一環。

喝完咖啡後，我會走進工作室整理祭壇。這個祭壇是空間的靈性心跳。整理祭壇的過程中，我感覺到自己又和峇里島重新連結起來，我就是在那裡發現了這個祭壇，以及每天都會圍繞祭壇舉行儀式的女性。去過峇里島的人應該都知道，這個國家到處都是祭壇，到處喔！這些祭壇個個色彩繽紛，上面還覆滿了許多鮮花，焚香裊裊，整座島上瀰漫著濃濃的茉莉香、檀香和細緻的花香。真的好美、好不可思議！

我在峇里島待了一段時間，和當地的女性蠟染藝術家一起進行一個由我主導、名為「月神計畫」（Bulan Project）的紡織工藝合作案。那段期間，早晨是一天之中最神奇的時刻，不但可以聽到公雞鳴唱，還能捕捉到鴨子在稻田裡找早餐吃的聲音。當地人會拿著疊得像小山一樣高的托盤，上面放了許多手工祭品，例如做工細膩的編織棕櫚葉、鮮花和一包包新鮮的薄荷和餅乾。他們每天一定都花了不少時間做這些東西，真的很了不起。

這些婦女走向祭壇時，看起來彷彿是從四面八方輕柔地飄過去。要是早上還沒醒來的話（這時可能還躺在床上回想夢境吧），她們帶著托盤經過你家窗外時飄來的香味一定會讓你從床上爬起來。那香氣和她們對儀式的投入真的好迷人。

有一天，我發現了一個小祭壇，於是便把它帶回舊金山。我把祭壇掛在廚房裡，每天早上都會親近、整理祭壇。焚香的時候，我感覺煙味會帶著我穿梭時空。你有過這種經驗嗎？氣味是很強大的力量，而整理祭壇是我的晨間習慣中非常神聖的一部分。

整理完祭壇後，我會進行晨間書寫操練。我在茱莉亞・卡麥隆（Julia Cameron）的《創作，是心靈療癒的旅程》（*The Artist's Way*）一書中讀到這項操練，內容大概有整整三頁吧，我記得叫「清空腦袋」（brain drain），這個名稱完美詮釋了練習時的感受。整個過程大約只要十五分鐘，方法是透過日常書寫儀式將內心的混亂轉移到紙上，想寫什麼就寫什麼，因為這個練習是屬於你的，也只有你才會看到這些文字。卡麥隆建議大家六週後再把這張紙拿出來，看看自己寫了什麼。這項晨間書寫操練就像掃地一樣，寫完的感覺真的好很多。

我的最後一個晨間習慣是閱讀和寫作。今年初，我向自己做出承諾，每天都要閱讀四十五分鐘，再花十五分鐘的時間思考內容和心得。另外，我會在筆記小卡上寫作，把小卡掛在浴室和工作室裡，這樣我就能無時無刻看到自己寫的東西。有時我會和小卡說話，或是想像它們正在參加晚宴，然後排列小卡，剎那間，新點子就冒出來了。真的很好玩。

這套晨間習慣不僅能幫助我完成書稿，也變成了我的日常練習基礎。狀況好的話，實行整套晨間習慣大約要花兩小時。雕塑家布朗庫西（Brâncusi，我最喜歡的藝術家之一）曾說：「創作不難，難的是達到有能力創作的狀態。」無論當天是要寫作、設計或畫畫，都要從持續練習、實踐晨間習慣開始。

起床後大約多久才吃早餐？

早晨的些微飢餓感能讓我活力充沛。可能也算一種隱喻吧？總之我在下午一點或兩點前都不會吃那種很有飽足感的正餐，如果有例外，那一定是早餐。我超愛早餐！

要是有人問我，假如這是你在世界上的最後一餐，你會吃什麼？我會說鬆餅和炒蛋，就像我小時候週末常吃的一樣。這裡有一家很棒的小餐館，他們的早餐會供應到下午，所以我經常去那裡用餐。知名導演大衛．林區（David Lynch）在《大衛．林區談創意》（*Catching the Big Fish*）一書中說，他每天都會去同一家餐館喝奶昔。我覺得這個主意很棒，每天都去同一個地方、坐在同一個位置，好好犒賞自己一番。不知道為什麼，我覺得他應該在那家餐館裡找到很多靈感。

你有晨間冥想的習慣嗎？

我的早上就像一場冥想。我試著讓自己專注在每一個習慣的當下。我聽過一個很可愛的故事，而且我很喜歡這個故事：

有一天，佛陀和王子正在聊天。王子問他：「你和你的僧侶都在寺院做什麼呢？」佛陀回答：「我們會坐著、散步和吃飯。」王子說：「那你們和那些老百姓有什麼不一樣？大家都會做這些事啊。」佛陀說：「坐著的時候，我們知道自己坐著；散步的時候，我們知道自己在散步；吃飯的時候，我們知道自己在吃飯。」

晨間習慣激發創造力的效果就跟晨間咖啡差不多

麗莎・康頓
藝術家、插畫家

你有哪些晨間習慣？

我每天早上大約六點起床。如果當天輪到我鋪床的話（我和我太太一起做了一張家事分配表，以確保家務切實完成；每隔一週就輪到我鋪床），起床後我會馬上整理床鋪，接著冥想十五分鐘，換衣服，然後下樓喝咖啡。我很幸運，因為我太太在婚禮當天發誓，說有生之年的每天早上都會替我煮咖啡（只要情況允許的話），而且太太也真的信守承諾了！所以每天早上只要一下樓，都會有熱呼呼的現煮咖啡等著我！

早餐我都吃很少，像是吐司或少許穀片等。我會一邊吃，一邊打開電子信箱看看有沒有什麼急事，並擬定當天的待辦清單，接著開始運動；每週有幾天我會上健身房、到游泳池游泳或出去跑步。運動能幫助我徹底清醒、做好準備，迎接當天的生活。運動完後我會回家整理儀容、好好打扮一番，準備開始工作。我的其中一個習慣就是把自己打理得好像要出門上班一樣，但其實我的工作室就在家裡，根本不用出門。我發現穿戴整齊、換上漂亮衣服，把自己弄的好像要去辦公室或跑業務一樣能讓我感覺更好、對生活更有勁，雖然有時只有我太太會看到我而已。

養成這套習慣多久了？有什麼改變嗎？

自從十年前成為自由工作者後，我就開始採用這套習慣。

幾年前我從加州舊金山搬到奧勒岡州的波特蘭，算是生活中一個很大的改變。今年我開始培養晨間冥想的習慣，這段過渡期對我來說是一大挑戰……要在又累、腦子又昏昏沉沉的早上進行冥想練習，真的需要很強的紀律和自制力！不過開始冥想後，我發現自己變得比較快樂、感覺比較幸福，就連內在的焦慮也減輕了不少。

要是你沒有確切實行這套習慣呢？

對創意工作者來說，習慣是非常重要的一環。只要沒有確切遵循習慣，我就會覺得自己失去了平衡，有時甚至會導致嚴重焦慮、內心煩躁不安，連帶影響到我的工作成果，或是讓我根本沒辦法工作。

這套晨間習慣能幫助我每天腳踏實地、打造出井然有序的生活，進而全心全意地專注於藝術創作。

刻意搭慢車去上班，好讓自己能多讀五分鐘的書

清水裕子（Yuko Shimizu）日本插畫家、
美國紐約視覺藝術學院（School of Visual Arts）講師

你有哪些晨間習慣？

我都會用豐富的早餐作為一天的開始，或是讓自己快速進入狀態。除此之外，我還會喝一杯「維他命C強化特調」，裡面放了大量新鮮薑末、未經加工的生蜂蜜、蜂膠和半顆萊姆或檸檬；夏天時我會多加氣泡水，喝起來就像自製的薑汁汽水；天氣比較冷的時候，我會改加微溫的水（這樣生蜂蜜裡的良性酶才不會被高溫破壞），喝起來很像薑茶。

我的工作室位於曼哈頓中城，那裡好吃的午餐選擇很少，再加上大多數餐廳的價格都很貴、令人咋舌，因此過去五年多來我每天都是從家裡自帶午餐。通常我會利用週末煮好一大堆可以冷凍的菜，平常日再帶到工作室加熱；我甚至還會一次煮好一大鍋飯，分成一餐一餐的量，用保鮮膜包起來放在冷凍庫（這是亞洲風的保存米飯小撇步，效果奇佳），然後當天早上再做沙拉和蔬菜料理。

為了保持身體健康，近年來我逐漸讓午餐變成一天之中最重要、最豐盛的一餐。現在我晚餐都

吃很少，但午餐袋裡總是裝滿食物，有時還會一次帶好幾天的量，搞得早上明明是要去上班，看起來卻好像剛去超市採買一樣。

之前住在日本的時候，我一年大概會讀五十本書。學生時代，我每天要花一個半小時通勤上學（來回三小時）；開始工作後（在我來紐約讀藝術學院之前，我在一家公司工作了十一年），通勤時間雖然有變短，但還是要一個多小時。可惜現在手機改變了日本電車上的景象，不然以前電車上的人都是靜靜地看書。日本平裝書的設計非常驚人，每本書的大小大概只有美國平裝書的一半，內頁紙張雖薄，卻也非常耐翻，再加上日本文字書寫系統的關係，所以字體還是滿大的，不會影響閱讀。

現在，由於我搭地鐵通勤只要十五分鐘，又有手機和平板，因此便喪失了過去的閱讀習慣。最近這幾年，我可能一年最多只讀了十本書吧。可是為了創作（我的話就是畫圖和設計插畫），我需要汲取創意與靈感、接受藝文薰陶，也需要體驗過去未曾親身體驗過的一切，所以我的新習慣就是要找回過去的閱讀熱情，讀好書能刺激我的創造力。

現在我會刻意不搭快車、改搭慢車，這樣每次通勤就能多出五分鐘的閱讀時間（另外，以前我很常浪費時間滑手機，尤其是晚上，現在我會把這些時間拿來看書）。到目前為止，一切都還不錯，我的閱讀量也越來越大了。

你早上最重要的任務是什麼？

放鬆享受早晨時光，給自己一個好的開始。

我真的不懂那些早上匆匆忙忙的人怎麼有辦法擁有美好的一天。也許早上這兩個多小時就是我的冥想吧。無論當天的行程有多瘋狂，或是我很清楚自己接下來要工作十四個小時，我都還是會放鬆身心、從容地實行這套晨間習慣。每次看到外表光鮮亮麗、彷彿擁有夢幻職業的人坐在地鐵月臺上捧著紙盤吃早餐，我都覺得好難過。

旅行的時候怎麼辦？

我經常旅行，所以我知道自己沒辦法每天確切實行這套習慣。如果真的不行，我會盡量想出另一個替代方案，好讓自己能在早上平靜、放鬆下來。

以前我會帶檸檬和萊姆上國際班機，這樣我一大早才有維他命特調可以喝。我知道不能這樣，所以噓……不要說出去喔。不會啦，我不會再這樣做了。

要是你沒有確切實行這套習慣呢？

我必須保持彈性，不然本來應該讓我放鬆的習慣就會變成壓力的來源。

茶壺的水煮開的時間多長，冥想的時間就有多長

約翰・貝拉迪博士
知名線上營養指導公司「精準營養學」（Precision Nutrition）創辦人

你有哪些晨間習慣？

平常日一般我會在早上七點左右起床，雖然大多時候都是睡到自然醒，但我還是會事先設定音樂播放器，早上七點一過就會自動放音樂，以免我需要一點小助力才起得來。

起床後，我會做十五分鐘的「自我照顧」，也就是去浴室、刷牙和剔牙、刮鬍子、護膚（我會用杏仁油擦身體，並用天然的洗面乳／去角質霜／收斂水／保濕乳液擦臉）。接著我會到廚房替我太太和四個孩子準備早餐；做飯、餵孩子、開車送他們去上學——這三件事大概要花一個小時。

我太太和孩子出門後，我會替自己泡一大杯茶，並坐在茶壺旁的流理臺上等水煮開，過程大約三到五分鐘。我就是單純閉上眼睛坐在那裡，同時深呼吸、整理思緒，接著我會坐在家裡的辦公室一邊喝茶，一邊安排當天工作的優先順序（約莫要花一、兩個小時）。排好順序後，通常我會開始

著手處理第一項任務、吃早餐，接著一路工作到下午的午餐時間，然後去學校接小孩放學。

你都幾點上床睡覺？

通常我都晚上十一點到十一點半入睡，睡滿七個半到八個小時。其實這對我來說已經瀕臨「睡太少」的邊緣了，所以我會利用週六和週日多睡一小時補眠。

睡前會做些什麼，好讓隔天早上能輕鬆一點？

每週有幾天，我會在孩子上床睡覺後做肌力訓練或有氧運動，運動完就洗個放鬆的澡、用餐，接著準備就寢。不過我得承認，有時我會一邊吃飯、一邊看書或看電影，所以會比較晚睡。

你會用應用程式或產品來改善自己的晨間習慣嗎？

我認為最棒的「應用程式」就是人體。只要用優質的食物、適當的休息、規律的運動、曬曬太陽、接近大自然及健康的人際關係好好照顧身體，一切都會變得非常順利。

晨間灑掃庭除有點折騰，但絕對有助放鬆心情

梅樂蒂．麥克羅斯基（Melody McCloskey）
美國線上美容服務預約平臺 StyleSeat 執行長

你有哪些晨間習慣？

我習慣早起，所以我會在早上五點四十五分起床，給自己一點專心思考的時間。我會花大約一個小時打掃、整理或處理其他需要處理的私事。聽起來有點不務正業，但執行這些日常任務的同時，也是我打理個人與工作相關大事的時間。早上七點，我會和私人教練一起運動鍛鍊，每週二到四次，其他時候大多是去上健身課（熱瑜伽、皮拉提斯或 TRX 懸掛式健身訓練）。

養成這套習慣多久了？有什麼改變嗎？

早起的習慣已經持續好幾年了。我有很長一段時間熬夜熬到很晚，後來我發現早起實行晨間習慣才是最好的方式，不僅能讓我維持高生產力，也能讓整天心情愉悅、保持住內在平衡。

當然啦，一開始真的很不容易！我又不是天生的晨型人，這麼早起床對我來說根本就是折磨。

不過現在早起已經變成了一種習慣，就連週末我也很早起。

你都幾點上床睡覺？

看情況，比方說是不是在旅行、或工作上有沒有問題等等。習慣上我會在晚上九點左右就寢，有時會拖到十點或十一點。最近我開始在睡前聽很多 podcast 節目，你可以按下睡眠鍵，這樣節目就會在十分鐘內停止。我覺得這是確保自己快速入睡的好方法；如果必須多次延長時間，我就會多加留心，提醒自己要自律一點。

睡前會做些什麼，好讓隔天早上能輕鬆一點？

我會把運動服拿出來，設定咖啡機，讓機器明天早上自動煮咖啡。沒有什麼比咖啡香更能讓我快速跳下床了！

你是靠鬧鐘起床的嗎？

對，而且我每次都會按貪睡鍵，不過我都強迫自己坐起來按，這樣就不會再躺回去睡了。

起床後大約多久才吃早餐？

我會在運動前吃點水果、一顆炒蛋和一些綠色蔬菜。運動完後，我通常會喝蛋白質奶昔或是吃其他高蛋白食物，整體來說，我會盡量堅持「原始人飲食法」（Paleo）。我試過成千上萬種不同的飲食法，就個人經驗來看，只有這一種能真正有效減輕疲勞，讓我活力十足、精神飽滿。

你的伴侶會怎麼配合、融入你的晨間習慣？

我住在舊金山，我未婚夫則住在洛杉磯，我們也想要有多一點早晨的相處時間，但現實生活並不允許。不過我很幸運，因為他早上的作息跟我很像。分隔兩地的時候，我們每天早上都會視訊，聊聊即將到來的婚禮和彼此的生活；見面的時候，我們早上還是會聊天、分享心情和想法，然後一起運動。

要是你沒有確切實行這套習慣呢？

我對這點還滿嚴格的，因為習慣讓我很快樂，但我想不是每個人都應該用軍事化的方式來管理人生。做自己會開心的事就好，要是有什麼突發狀況，可以再調適一下。我覺得「紀律和休息」這個組合是最適合我的生活模式。

利用早晨時光傾聽內心微小的聲音

安珀・雷（Amber Rae）
《選擇好奇，捨棄擔憂》（*Choose Wonder Over Worry*，暫譯）作者

你有哪些晨間習慣？

通常我都不靠鬧鐘自然醒，然後立刻上緊運動發條，去皮拉提斯健身房上教練課。我很喜歡教練結合高強度訓練和核心基礎運動的教學法，雖然每次都讓我吃盡苦頭，但也讓我能量滿滿。

運動完後，我會去當地一家食品鋪喝蔬果汁（裡面加了檸檬、薑和卡宴辣椒）。我會坐在窗邊，開始投入我的晨間書寫，內容通常都是一連串有意識的感知，我會用這些文字練習自我連結、傾聽內心微小的聲音。大約三十分鐘後，我會捕捉到一、兩個工作上的撰稿靈感和概念，這種感覺真的很棒，讓我幹勁十足。接著我會回家喝杯果昔，在客廳裡跳舞。剩下的時間通常就是寫作和進行藝術創作。

養成這套習慣多久了？有什麼改變嗎？

這套由運動、寫作和營養食品組成的習慣已經持續好幾年了，而且有很多種版本。去年我和我未婚夫搬進位於紐約布魯克林的閣樓，裝潢則是由身為室內設計師的家母一手打造，將舊空間轉變成充滿靈感與創意的新居所，裡面除了一大片便利貼牆外，還有傳統與數位空間、立體音響系統，以及塞滿新鮮水果、杏仁奶油和羽衣甘藍的冰箱。

當我早上醒來環顧四周，感覺就好像自己可能在世界上任何一個地方；在這座喧鬧擾攘的紐約市裡，這種感受讓我覺得很踏實、安心。

最近我偶然發現一本三年前用的筆記本。當時我日以繼夜地工作，也有一個約會對象，但我對那段關係一直有疑慮，覺得安全感不夠。我在筆記本上用斗大的字反覆寫下「快受不了了。偏離重心。需要把自我照顧放在第一位」。有好幾年，我的晨間習慣都是為了別人對我的期待而生，我好累、好不知所措，而且內心嚴重失衡，因為我忽略了身體傳遞給我的訊息。我以為要在這個科技與企業家精神掛帥的世界（亦即我當時工作的產業）蓬勃成長，就一定要沒日沒夜地埋頭苦幹、在辦公桌前吃午餐，把睡眠不足當成人生中的榮譽勳章。當時的我不停工作，卻忘了活在當下，內心一片虛空。

因此我按下生活的暫停鍵，放慢腳步，開始問自己什麼樣的儀式和習慣能幫助我、支持我的創造性流動；我想知道什麼樣的環境和互動能讓我交出最棒的工作成果。我發現了一種自然的生產力節奏。只要全心信任、隨著創造性流動，就能日漸成長、蓬勃發展。

比方說，我多半都在凌晨兩點左右上床睡覺，早上十點半起床，冬天會多睡一個小時，春天則享受早起的時光。身為一個創作人，我每天會花很多時間投入創作，並長時間避開會議、電話和科技產品。我擅長短時間內的全速衝刺，因此我會一口氣連續工作好幾天或好幾週，中間偶爾暫停、休息一下。晚上十一點是我文思泉湧、寫作靈感最強的時刻，只要我挑戰自己、激勵自己，這種創造性流動就能長時間持續下去。

一開始，踏進這種生活模式讓我有種罪惡感，我懷疑自己到底能不能真正掌握、管理好自己的行程計畫，也很擔心其他人的想法。最後我終於意識到，每個人都有最適合自己的生活模式，對我有效的未必對你有效。最重要的是要保持好奇心，發掘出自身獨特的習慣，然後為身邊的人打造出一個自由空間，讓他們找到屬於自己的習慣。

換你做做看

「每次只要我想跳過晨間習慣或其他自我關愛的步驟，我就會提醒自己，要先好好照顧自己，才能照顧我愛的人和我在意的事。」

——寇特妮．卡佛（Courtney Carver），作家

以「照顧自我需求」作為一天的開始不僅能讓你獲得內在的平靜（而且無論當天發生了什麼事都無法奪走這份平靜），還能讓你準備好自己，以更多溫柔和包容對待生活中所有人事物。就像企業家傑絲．威納（Jess Weiner）說的：「當我留點時間給我的身體、我的關係和我自己的時候，我覺得內在充滿了活力……而且思緒澄澈、心情愉快、精神也更好。」

以下是一些值得留意的自我關愛建議：

早上留點「個人時間」給自己

清晨是大方擁有「個人時間」的絕佳時機，你可以在這個世界尚未甦醒前盡情享受早晨的寧靜。記住，就算你上夜班、或是睡得比較晚，依然可以在起床後享有這些晨間時光，豐富屬於自己的時

刻。

「我經營一家擁有超過兩百個員工的公司，工作也需要經常接觸人群，無論以專業或個人的角度來看，我都必須撥很多時間給其他人事物。對我來說，個人時間是非常重要且彌足珍貴的時刻，所以我會盡量好好運用這段時間。」

——朱利安・史密斯，空間媒合平臺 Breather 執行長

你可以隨心所欲地利用這段個人時間（本書提供了各式各樣的建議）。藝術總監大衛・摩爾告訴我們：「長久以來我都埋首於工作，沒有好好照顧自己；隨著年紀越來越大，我開始意識到自己不再是年輕小伙子了。想創造出高生產力的一天，早上放慢步調、妥善安排時間、維持健康飲食才是重要關鍵。」

晨間習慣有助於產生踏實感

記者泰莎・米勒（Tessa Miller）說：「晨間習慣為我接下來一整天的生活奠定了基調。如果我早上匆匆忙忙、壓力破表，就會影響到後面的工作；相反的，只要我有時間、有計畫地安排生活，通常一切就會很順利。」

謹慎運用早晨時光不僅能讓你做好準備、計畫未來的可能性，還能幫助你釐清哪些是真正需要

完成的事、哪些是可以暫時擱置的事、哪些是必須優先處理的重要任務。

「無論當天發生了什麼事，只要早上一切順利，通常都會有很棒的一天；但要是我早上心情不好，這一天就會變得很漫長。」

——伊恩・薩拉坎（Ian Sarachan），足球教練

少了晨間習慣的你就像少了舵的船一樣，只是不斷變換方向，從來沒有真正航行在自己設定的生活航道上。

跳脫出來觀察自己的晨間生活，你看到了什麼？

「想像自己的葬禮」是很常見的謙遜練習。那些出席葬禮的人會怎麼說你？他們會提及你成功的事業、講到你如何贏得客戶的心、如何獲得這座獎項，還是談論你在職業生涯的巔峰每天工作十二個小時的忙碌生活？抑或是，他們會聊你的個性，說你是個什麼樣的父母、什麼樣的朋友，以及什麼樣的人？

這個方法同樣可以用來評估你目前是怎麼運用起床後這段早晨時光。當你跳脫出來觀察自己的晨間生活，你看到了什麼？如果在腦海中看到自己飛快地從手上這項任務衝向另外一項任務，同時不停滑手機看新聞，還不小心打翻咖啡、灑在衣服上，請仔細思考，做出改變吧。想像一下，一個

更平靜、更溫和的早晨——一個你可以把自己放在第一位的早晨，然後運用本章（及本書）所提供的建議和小祕訣，身體力行，將想像化為現實。

早晨的勝利滋味能帶來成就感

實踐晨間習慣（例如完成一些緊急的工作、清晨早起運動等）所帶來的勝利滋味能讓你充滿成就感，知道自己有能力面對接下來一整天的生活。社交軟體Tinder的財務與產品管理總監傑夫・莫里斯（Jeff Morris）就說：「上班前做瑜伽改變了我的生活。在我覺得自己完成任務、有所成就的同時，大多數人才剛起床而已。這種感覺真的很棒。」

你可以透過各式各樣的事物來品嚐勝利的滋味，而這些事物的共通點在於完成後會帶來成就感。身兼作家與玫瑰園投資顧問公司（Rose Park Advisors）共同創辦人的惠妮・強森（Whitney Johnson），在受訪時告訴我們：「我之所以能確切實行、堅持晨間習慣，是因為我意識到自己有好多事想做，好多好多。對我來說，清晨半小時至少等於下午一小時。」

反向操作

沒有什麼反向操作手法能讓你在早上溫柔地照顧自己、寵愛自己。

記住，一旦找到了適合自己的方式，而這個方式也能為你帶來最大利益，請不要抵抗，順著做就對了。如果你習慣晚點起床，把晨間生活往後推，可以做個實驗、試著早起一點，假如幾週後這個改變並沒有帶來太大的效果（而你也沒興趣再測試下去），那就恢復原本的起床時間吧。

第九章
環境大不同

就算不在家，也要堅持自己的習慣

休息是為了走更長遠的路

對許多人來說，在旅行或出差時堅守晨間習慣幾乎是不可能的任務。或許以前有試過，發現根本行不通，於是便採取隨遇而安的態度，在旅途中徹底拋開日常習慣，陷入了不健康的作息漩渦。然而事實上，在旅行時保有平常的晨間習慣是「完全有可能的任務」，如果真的不行，至少也能打造出一套旅行專用的習慣以備不時之需。無論是一直出門在外、導致飯店房間變成第二個家，還是一年旅行、出差個幾次，本章都會提供相關的點子、方法和小祕訣，幫助你在離家這段時間維持自己的晨間習慣。

這一章我們要看看為什麼旅行成癮、每年至少造訪二十個國家的的旅行家與作家克里斯．古利博堅持晨間習慣是幫助他創作的關鍵；時尚模特兒與文化行動者卡梅倫．羅素（Cameron Russell）是如何每天依照不同的工作（和不同的城市）情境實踐自己的習慣；防彈咖啡創始人戴夫．亞斯普雷那套百聞不如一見（具體來說應該是是百聞不如一讀）的旅行晨間習慣，以及其他人的經驗分享。

空中飛人「每天找時間閱讀」也算是一種晨活的堅持

卡梅倫・羅素
時尚模特兒、文化行動者

你有哪些晨間習慣？

每天都不一樣耶。我因為工作的關係經常旅行，加上工作內容總會有差異，所以「習慣」對我來說其實就是視當下的情況調整自己的作息和生活模式。

如果行程很早（早上六點之前），我只會比預定的時間提早五分鐘起床、換衣服，然後立刻衝出門；如果沒那麼早，我會預留足夠的時間從容地起床、泡茶、吃早餐、看書或讀一些長篇文章。

對我來說，閱讀別人的文字感覺就像是種餽贈。我很喜歡徜徉在他人的思緒和想法裡，有時也會從中獲得靈感和啟發，因而自己寫寫東西。通常我都是在前往工作的路上用手機寫點隨筆、記錄文字，然後寄到專門用來儲存自己的文章和筆記的電子信箱。

養成這套習慣多久了？有什麼改變嗎？

我不喜歡嚴格的習慣。我盡量讓自己有空間閱讀和寫作，但我喜歡用冒險及不可預測性作為一天的開始。舉例來說，有時我會因為時差而在凌晨四、五點起床，而我和我的工作夥伴會利用清晨這段時間探索城市，在一天開始之前散個長長的步（大約八到十六公里左右）。

去年春天大概有三十天的時間，我起床後的第一件事就是寫作。那種感覺真的很不可思議，我很想重拾這個習慣！清晨和深夜是我生產力最高的時候，因為只有在這兩個時段，我才覺得自己不用回電子郵件、經營社群網路或拼命滑手機。夏天時我做了一個小實驗，連續兩週每天早上都五點起床、晨跑和冥想，然後再開始工作。雖然感覺很棒，但就我目前的生活來看，作為日常習慣有點不太實際。

睡前會做些什麼，好讓隔天早上能輕鬆一點？

我常常「一只皮箱過生活」，也就是說，我已經事先想好自己出差旅行這段期間要穿什麼了。我喜歡保持彈性，在約定時間前五分鐘迅速起床，立刻換上衣服出發。除此之外，我也會看點書，或是把想讀的文章存在手機裡，等到隔天起床後再讀。我手邊幾乎無時無刻都有待辦清單，因此起床後我都很清楚自己該做什麼、該從哪件事著手。

你有晨間運動的習慣嗎？

我喜歡在工作前保留一點個人空間。只要情況允許，我會盡可能在工作前進行一些腦力或體能活動。有時我會看著室內健身器材，心想，要是把時間和精力拿去戶外騎腳踏車、用慢跑探索城市，一定會好玩很多（但最終還是以在跑步機上跑步或上飛輪課收場）。

當你發現即使沒有車、地鐵或巴士等交通工具，你的雙腳仍能帶著你到距離起點很遠很遠的地方，那可是至高無尚的自由。

你在週末時也會實行這套習慣嗎？

會啊。我有不少頭銜，但全都是自由接案。過去十三年來，我以模特兒為工作重心，並運用這個職業背景、以行動者的角度透過多媒體製作將不同的文化和內容帶進主流圈。我已經撰寫並製作了許多多媒體計畫，主題從氣候變遷、種族議題到性別平等都有；通常我會利用拍攝行程空檔、週末和旅途中的零碎時間同時進行多個計畫。目前我正在大量寫作，同時製作兩部短片，一部是關於媒體再現（media representation），另一部則是探討氣候變遷。

要是你沒有確切實行這套習慣呢？

我唯一堅持的習慣就是每天都要找時間閱讀。不管是在做妝髮、搭飛機、搭地鐵、坐計程車，或是坐在書桌前喝茶，閱讀都是我展開一天生活的絕佳妙方。

再怎麼熱愛規律生活，空中飛人還是得多點彈性

克里斯．古利博
旅行家、《不服從的創新》（*The Art of Non-Conformity*）作者

你有哪些晨間習慣？

重要的事情先來：除了總旅程超過十六萬公里的國內旅行外，我每年至少會去二十個國家。目前我正展開城市巡迴簽書會，預計會去三十座城市，幾乎連續五週每天都會在不同的地方醒來，因此有時並沒有所謂的「習慣」，頂多是隨著時區而改變的習慣。

最近我去了印尼雅加達，幾乎一整週都在上調整過的「夜班」。我會利用晚上的時間工作，下午兩點起床喝「早安咖啡」，一切全都往後延。這種模式讓我覺得有點困惑、迷失了方向，因為我會在晚上十點左右去飯店餐廳吃「午餐」（那時餐廳都快打烊了），在正常的早餐時間吃「晚餐」，太陽升起的時候，我就在床上呼呼大睡。

好啦，我們還是來聊聊我在奧勒岡州的波特蘭（Portland, Oregon）自家，或是在美國和加拿大旅行期間的正常習慣好了。我會盡量早起（通常是早上五點半或六點左右），起床後立刻喝兩杯水，

接著喝第一杯咖啡，花二十分鐘的時間追新聞，看看信箱和社群網絡中有沒有什麼急事，然後切換模式——洗澡、去辦公室、在路上買早餐、開始投入「真正的工作」。

寫書的時候，我會試著每天早上花至少兩個小時寫稿。雖然經常有電話或訪談邀約（一天至少一到兩次，有時甚至更多），而且通常也有一、兩場會議或聚會安排，但我還是盡可能把早上八點到十一點這段時間保留下來做自己的事。我會一邊喝氣泡水、聽氛圍音樂，一邊努力完成清單上的任務和計畫。

養成這套習慣多久了？有什麼改變嗎？

應該已有十年左右了，而且我在這段期間的大部分時候都在旅行。二〇〇二年到二〇一三年，我正在追尋個人目標：踏遍世界上每一個國家，這種遨遊四海的生活需要大量的彈性，但只要回到家，我就會努力遵循原本的習慣。

要是你沒有確切實行這套習慣呢？

我想應該是說，有些失敗可以接受，有些不能接受。對我而言，「沒睡好」和「沒有好好補充水分」是很壞的徵兆，表示我接下來一整天可能會過得很糟，完全無法專心，但如果只是睡過頭的話就還好，不是什麼大問題。

還有什麼想補充的嗎？

我的生活可能因為大量旅行的關係聽起來很混亂，但我其實很喜歡規律的習慣。習慣不但不會阻礙，反而還有利創作。要是沒有經常實行這套習慣，我就無法在多個領域中恣意游走、正常工作。

一天吞一百二十顆藥丸，以求活到一百八十歲

戴夫・亞斯普雷
生物駭客、防彈咖啡創始人

你有哪些晨間習慣？

我是個夜貓子，但只要學校要上課，我就會在早上七點四十五分起床。起床後，我會先看看前一晚睡得好不好，了解一下自己的睡眠品質。我會用幾個應用程式來追蹤睡眠狀態。接著，我會為家人做早餐和防彈咖啡。對，我家兩個學齡兒童每天早上都會喝大約六十毫升的防彈咖啡以幫助大腦甦醒，提供身體穩定的能量。我會用金屬過濾器保存有益的咖啡油，然後加入草飼奶油、防彈腦辛烷值油（Bulletproof Brain Octane Oil）和少許防彈草飼膠原蛋白（Bulletproof Collagen Protein）做成防彈咖啡。煮咖啡的同時，我會吃點適合空腹吃的東西；喝完咖啡後，我會再吃些適合和脂肪一起吸收的食物。

吃完早餐後，我會送孩子去上學。為了家人和寧靜的早晨，我會把手機調成飛航模式，直到送孩子去學校後才開機，看看有沒有什麼緊急的簡訊（通常都沒有）。

孩子去上學後，我會展開「改善早晨大作戰」，具體內容視當天的情況而有所不同。所有活動都已經寫在行事曆上了，所以我不必費心思考該做什麼。最基本的改善行動包含站在防彈震動臺（Bulletproof Vibe）上照射紫外光二十分鐘，以在太平洋西北部的冬季時分汲取陽光所帶來的好處（夏天時我會用老派的方式吸收紫外光：把上衣脫掉，在戶外曬太陽）。

另外，我也會看情況空出一點時間做神經反饋訓練或其他運動。有時我會用 Vasper 健身機，這臺機器能讓我在大約二十一分鐘內做完兩個半小時的有氧訓練；有時我會和發球速度超快的桌球機器人一起打桌球，這種方式不僅能訓練大腦運動，還能增強左右腦的溝通與交流。

接下來我會開始工作。我的行程每分每秒都經過謹慎安排，「自由時間」、預約與家庭時間也是。我從來不用思考下一步要做什麼，因為一切全都寫在行事曆上了。

養成這套習慣多久了？有什麼改變嗎？

從我最大的孩子開始上學後，我就養成了這套習慣，大概有五年了。當爸爸之前，我的晨間習慣跟現在完全不一樣。我會晚點起床、冥想一個小時、吟誦……想做什麼就做什麼。重要的是，同樣是晨間習慣，有小孩和沒有小孩真的是天差地遠。

你都幾點上床睡覺？

我是個夜貓子，而且深夜工作的成效最好。早上我比較沒效率，對我來說，最佳工作時段是介於晚上九點到凌晨兩點之間，所以我完全認同這個觀點：要是身體還沒準備好關機休息，那就熬一下夜，晚點睡吧。

睡前會做些什麼，好讓隔天早上能輕鬆一點？

睡覺對我來說非常重要。我希望每天早上醒來都能活力充沛、精神飽滿，因此我在生活中加了幾個小步驟來達到這個目標。想要一夜好眠，其中一個最簡單的方法就是用全遮光窗簾隔絕所有光源，並用黑色膠帶遮住電器用品上的小燈和其他會發出亮光的地方。

你早上最重要的任務是什麼？

我早上最重要的任務不只是和家人共度早晨時光、送孩子上學而已，而是全心全意、和他們一起活在當下；畢竟有時一不留心，很容易就會變成一邊開車送孩子上學，一邊查看手機，或是滿腦子想工作的事。

對我來說，為了家人暫時擺脫工作和科技產品，並力圖活在當下需要很大的覺知，而我用來保持覺知的其中一個方法，就是一邊開車送他們去學校，一邊講故事給他們聽，而且這個故事很特別，因為這是一個持續發展的故事。過去三年來，我每天早上都會不斷加入新的情節，讓故事持續延伸，孩子就是故事的主角。

旅行的時候怎麼辦？

旅行的時候，我會在這套既有習慣中加入幾個必要元素。首先，假如孩子沒有跟著一起旅行，我就會睡晚一點，通常會睡到早上八點半或九點，視身體狀況而定。

我每年有一百二十五天的時間出門在外，說真的，飯店房間裡到處都有討厭的爛光線和糟糕的過濾空氣，這些都很容易造成疲憊感，讓人精神不濟。因此，只要不在家，我第一件事就是找出房間裡所有閃爍的光源，然後用黑色膠帶遮起來。

另外，我在搭飛機和住飯店時很常戴TrueDark抗藍光眼鏡，也會確保自己服用「安眠錠」（Sleep Mode，一種用於輔助睡眠的保健品），這種補充品含有微量的生物同質性褪黑激素，能讓我在環境不理想的情況下保有一定的睡眠品質。起床後，我一定會打開飯店房間的窗戶，接觸新鮮空氣和自然光。早晨的陽光不僅能增強體力和能量，也能幫助身體和大腦做好準備、迎接新的一天，是生活中不可或缺的天然養分。

旅行時我都會隨身攜帶定量的營養補充品。我每天都會吞大概一百二十顆藥丸，以求活到至少一百八十歲。至於運動方面，我發現在旅行期間，運動會變成我的生理壓力來源，況且當下已經有睡眠不足、長時間飛行、新時區和無法完全掌控自身飲食的其他壓力，我想我的身體沒有必要再承受額外的運動壓力。

要是你沒有確切實行這套習慣呢？

對此時此刻的我來說，習慣不是用來面對壓力的方法，而是用來保持彈性、韌性與覺知的方式。我不是靠習慣來支撐當天的生活和表現，而是在實踐習慣的過程中培養並發展體內的生物能量與適應力。

冷冷的冬天，跑步總是會跑快一點
——家裡有溫暖又放鬆的熱水澡在等著呢

梅樂蒂・霍布森（Mellody Hobson）

艾瑞爾投資公司（Ariel Investments）總裁、夢工廠動畫公司（DreamWorks Animation）董事長

你有哪些晨間習慣？

大多時候我會在凌晨四點到五點之間起床，端看我當時人在哪裡（我有時住在芝加哥，有時住在舊金山）。我有設鬧鐘，但通常鬧鐘還沒響我就醒了。踏出被窩前，我會先看看有沒有緊急郵件或什麼需要注意的新聞。

我會用運動和讀報紙作為一天的開始。如果當天要上哥倫比亞廣播公司的「晨間秀」（CBS Morning Show），我會在太平洋標準時間凌晨一點起床，開始做妝髮和其他必要的準備。

養成這套習慣多久了？有什麼改變嗎？

大概有二十多年了吧。最近幾年因為生了小孩的關係，化妝時間變得比較彈性。另外，以前我

還滿堅持一定要凌晨四點起床運動，現在我會比較願意等我女兒起床，特別是在我出差好一陣子、終於回來的時候。

起床後大約多久才吃早餐？

我都運動完才吃。通常我會吃兩顆水煮蛋，喝咖啡或茶就看心情，因為我在運動時會喝掉兩公升的水。

你可以詳述一下你的運動習慣嗎？

可以啊，但我的習慣會因為居住地不同而有所改變。長年以來，我頻繁旅行在外，所以在各大城市都發展出一套專屬的習慣。我會跑步、舉重、游泳和踩飛輪，如果沒時間運動的話，那天腦袋就會有點昏沉、精神也不太好。休息和運動是讓我保持活力、能量滿滿的必要條件。

那晨間冥想呢？

我沒有在冥想，不過泡澡對我來說是至關重要的獨處時間。我每天早上都會泡澡舒緩壓力、放鬆身心。每次只要在寒冷的芝加哥冬季外出跑步，回程時我都會跑快一點，滿腦子想著泡澡。

你早上最重要的任務是什麼？

每天早上我都會看實體報紙，跟線上閱讀相比，我比較喜歡紙本的感覺。我會看《紐約時報》、《華爾街日報》、《今日美國報》（*USA Today*），最近又追加了《金融時報》；如果在芝加哥，我還會看《芝加哥太陽報》（*Sun-Times*）。

你的伴侶會怎麼配合、融入你的晨間習慣？

我先生說他會在我運動時「留守床鋪」。他和我女兒兩人在凌晨四點都睡得不省人事！

少了一瓶（或三瓶）可靠的星巴克星冰樂，早晨就不再完整

M・G・席格勒
GV合夥人

你有哪些晨間習慣？

我最近剛從倫敦搬回美國，目前還處於過渡期，正在努力回歸正常生活。不過在倫敦的時候，我經常利用深夜時段和美國進行電話聯繫，所以多半會睡到早上八、九點，起床後我會快速查看一下昨晚睡覺時有沒有什麼緊急的訊息或郵件進來。

如果沒什麼急事，我會一邊讀《紐約時報》和前一天儲存的網路文章，一邊喝瓶裝的星巴克星冰樂。很多人都超討厭瓶裝星冰樂，我未婚妻也是，不過這是我從小到大的壞習慣，改不了。

大約早上十點的時候，我會開始處理電子郵件。我之所以喜歡在英國這個時間回信，是因為美國這時大多都是睡覺時間，無法即時回覆。我對電子郵件深惡痛絕，所以我一天看一次，盡量不要變成雙方回來回去、沒完沒了的狀態（理想的話啦）。我會一路處理到午餐時間，通常這時也是我開始開會的時間。

養成這套習慣多久了？有什麼改變嗎？

我在美國的習慣跟在英國有點不一樣，主要是因為我改成晚上處理電子郵件，而不是早上。再強調一次，我之所以這麼做，是因為我想在對方無法即時回覆的時候寄信！

在美國，如果當天需要去加州山景城（Mountain View）辦公室，我就會比較早起床，有時也會在早上安排一、兩個會議；如果沒有行程，我就會利用這段時間寫寫東西，但很少有這種情況，幾乎都是行程滿檔。

撇開美國和英國的差異不談，我現在確實比以前早起。擔任科技記者那段期間，我都工作到很晚，很常熬夜熬到凌晨三、四點才睡，一路睡到上午十點或十一點。我的標準是每天睡滿七小時，可是當科技部落客那段日子，我常常一天睡六個小時，有時甚至只有五小時。現在我睡得比較好了。之前我起床後會立刻跳到電腦前開始處理科技圈的熱門消息和新聞報導，而且全年無休。我從來不吃早餐，但瓶裝星冰樂是一定要的。

起床後大約多久才吃早餐？

有時如果早上要開會的話，我會吃早餐，不過一般都只有星冰樂。

你早上最重要的任務是什麼？

閱讀。閱讀能讓我用許多想法和靈感快速展開新的一天。一般我都讀新聞，有時會看一些事先儲存的長篇文章。

你早上起床後會先喝什麼？在什麼時候喝？

怕我說得還不夠清楚，是瓶裝的星冰樂，就是我早上邊看文章邊喝的那瓶。我發誓，這絕對不是在幫星巴克打廣告。

旅行的時候怎麼辦？

慘不忍睹。我是習慣性動物，就算只有一點點小改變（例如沒有喝星冰樂），一切都會徹底脫軌。從其他角度來看也算是好事，因為這能讓我學會適應和調整，有時甚至能讓我意識到自己應該在某種程度上稍微改變一下習慣。

兒時練曲棍球的習慣讓「黎明前起床」變成了第二天性

彼得・巴勒達（Peter Balyta）
德州儀器（Texas Instruments）教育技術總裁

你有哪些晨間習慣？

沒有旅行的時候，我會在早上五點二十分起床，抓根香蕉、拿杯水，然後瀏覽一下電子郵件，看看今天有哪些事要做，接著出門到附近的健身房運動。

我天生就很自律，尤其是在健身方面。這可能要追溯到我小時候住加拿大那段期間，當時我都凌晨起床練曲棍球，因此早起運動對我來說是很自然的事。

多年來我不斷嘗試跑步、進行鐵人三項訓練，因此以前我多半用長跑或騎單車作為一天的開始。隨著工作越來越繁重、家庭成員越來越多（家人永遠優先），要進行鐵人三項訓練也越來越難，因為這種訓練需要延長時間間隔，再加上我也厭倦了一成不變的運動模式，於是便開始和孩子一起練武術，不過他們晉級黑帶後就轉而追求其他目標。幾年前，我發現自己缺乏運動，這就是我開始堅持這套習慣的原因。我很喜歡這個習慣，因為我只要在早上五點五十五分走進健身房，其他的交給教練就好。我們會先拉筋、做點輕緩伸展操暖身，接著進行各式各樣的高強度運動，內容豐富又多變，這種養生法的美妙之處就在於此：每天的運動都不同，每天都有新的挑戰，就像職場一樣。這種變化的目的在於提升肌力、耐力和體能，同時不讓身體習慣於同樣的活動。運動完後我會稍作休息，接著回家吃早餐。

我回到家大概是早上七點左右，這時家裡已經生氣勃勃，所有人都醒了。我們一家人會開心地聊天、分享生活中的美好，這是我一天之中最棒、最喜歡的時刻。

你是靠鬧鐘起床的嗎？

我經常出門旅行，所以睡前一定會設鬧鐘。旅行期間我會特別找時間休息，尤其是當我必須一邊對抗時差、一邊工作的時候，就算只有短短幾分鐘也好。

你可以詳述一下你的運動習慣嗎？

無論是在健身房或是飯店房間，我都會用以「本日運動」為靈感打造而成的生活模式作為早晨的開始。這個模式不僅囊括許多身體與心靈鍛鍊，還能讓我在旅行時保有運動的習慣。

我唸書時專攻的是數學與教學科技，而我在德州儀器中心的工作也環繞著科學與數學教育打轉，所以我就把科學、科技、工程和數學技巧應用在健身鍛鍊上。不是很誇張的科技宅那種，只是用簡單的數學來確定過渡時間及物理特性，進而判斷我該如何順利舉起槓鈴。這些技巧真的很好用，特別是在旅途中身邊沒有教練的時候。數學和物理知識能幫助我在當下的環境找出最適當的鍛鍊方法。另外，旅行時我會帶健身帶以進行增強式訓練和徒手訓練，也會利用飯店房間中可用的設施（如椅子等）來鍛鍊，以完成當天的運動目標。

你會用應用程式或產品來改善自己的晨間習慣嗎？

在家時，我會在床邊擺一個消除噪音的音響。耳塞也很有用，特別是我想在飛機上好好睡一覺的時候；只要再加一副眼罩、用應用程式放點白噪音，我就能在前往目的地的路上大睡特睡。

旅行的時候怎麼辦？

我因為工作的關係必須經常出國、造訪世界各地。旅行期間，我還是會遵循家裡的早餐習慣，不會吃飯店的早餐。我曾在設備齊全的英國皇室健身房運動，也曾在上海戶外和一群高齡九十歲的當地人一起練太極拳。我還是很喜歡利用跑步的時間整理思緒，所以不管人在哪裡，我都會積極尋找可以慢跑的機會。我曾沿著中國長城跑、順著慕尼黑的伊薩爾河（Isar River）跑、在巴黎的戰神廣場（Champde Mars）跑，同時一邊釐清想法，在腦海中解決了許多問題。無論身在何方、環境如何，我都能利用手邊適當的資源來運動。

換你做做看

「我故態復萌、回到低產能狀態的次數，比史坦貝克筆下身處黑色風暴時代的美國、邋遢又醉醺醺的人還要多。這都是旅行害的。」

——威爾．皮區（Will Peach），文字工作者

除非有意識地事先計畫，並採取相應的行動收拾行李、調整心態，否則出門在外真的很難徹底實行、堅持晨間習慣。打造一套適用於旅途中的特別習慣能有效解決這個問題，而且無論這套特別習慣和家中那套的相似度如何，都應該符合你在旅行期間的需求。

「很奇怪，只要離開家裡，我都會比平常早起。每次經歷過一段豐富多產的旅程後，我都會靈感充沛，覺得自己這次回家一定會變成一個『全新的我』，每天都在破曉時起床之類的……但大概一週內就會原形畢露，過回從前的老日子。」

——魏靜（Jing Wei，音譯），插畫家

以下是一些可以用來應付旅行與環境變化的晨活小祕訣：

飯店房間有助於提高生產力

尤其是當你獨自旅行的時候，因為在飯店房間工作時，身邊不會有家中那些令人分心的事物。頂級茶品銷售人員安迪‧海斯（Andy Hayes）就說：「我發現飯店很適合用來享受寧靜、專注的早晨時光，因為我不會急著想整理書桌或清空冰箱。」

如果想為旅行時的晨間習慣增添一點熟悉感，但又不想製造出太多令人分心的干擾，你可以考慮帶上可攜式電熱水壺或果汁機，這樣你就能在飯店房間裡做出自己最喜歡的飲品。

事先做好聰明規畫

好好選擇班機時間，以免打亂晨間習慣；如果在飛機上能睡得很好，則可以選擇出發時間為深夜、抵達時間為清晨的紅眼航班，這樣你就能在下飛機那一刻好好享受活力充沛的戶外晨間習慣。

如果你很清楚自己完全不是那種能在不同環境下維持相同工作水準的人，建議你，如果可能且可以的話，手邊有重要工作或進行重大計畫期間，就盡量不要出門旅行；請避開這段時間，等工作告一段落後再出發。

制定計畫，確切執行

如果當下是匆匆忙忙地在飯店房間裡醒來，要做到這件事可能不太容易。因此，假如你經常出差旅行，那「隨時保持一套簡單的習慣」是個不錯的好點子，這樣一來，出門在外就不太需要為了適應環境而調整自己的晨間模式了。

「我的行程充滿變數，所以我必須做好隨時調整與適應的準備。我有個行李箱裡面放了健身房專用鞋、襪子和運動相關設備，這樣我就能在旅行時保持運動的習慣。關於這點，我倒是滿自律的。」

——凱文・華倫（Kevin Warren），全錄公司（Xerox）商務長

如果你只是偶爾出差旅行、想維持大部分家中的習慣的話，請先想想原有的晨間習慣中，有哪些重要事項是可以在旅途中實踐的（例如冥想、練瑜伽、輕緩伸展操等），然後安排一下行程，讓自己在旅行期間也能實行這些習慣。

不要苛責自己

不要因為自己沒有在旅行時徹底遵循晨間習慣（或縮短時間）就鑽牛角尖，陷入自責的漩渦。

也許你會發現，無論是獨自一人住飯店，或是睡朋友家的沙發，你都不像在家時那麼有效率。不用在意，真的沒關係。

> 「習慣是很有趣的東西。遵循習慣會造成某種程度的壓力，不遵循則會造成另一種程度的壓力。不管怎樣，我都會有種不舒服、不自在的感覺。」
>
> ——史蒂芬・海勒（Steven Heller），前《紐約時報書評》（*New York Times Book Review*）藝術總監、紐約視覺藝術學院「藝術與設計碩士學程」共同主席

下次你在計畫旅行、打算住朋友或親戚家的時候，請用班傑明・富蘭克林這句知名妙語（摘錄自《窮理查年鑑》（*Poor Richard's Almanack*））來提醒自己：「魚放三天發臭，客住三天討嫌。」（Fish and visitors smell after three days.）千萬不要住太久，越早離開越好，而借住期間也一定要遵守、包容對方的晨間習慣。關於這點，文字工作者保羅・法蘭奇（Paul French）說得很好：「黎明時分在別人家裡弄出一大堆乒乒乓乓的聲音真的很沒品，完全無法原諒。我只會做一些不會吵醒別人或惹別人的貓生氣的事。」

反向操作

有兩種情況會讓人想把「堅持晨間習慣」的概念全都一股腦丟出窗外，好好專注、享受當下，

分別是：

1. 為了重要工作會議和活動出差。

2. 純粹觀光旅遊。

關於第一項，很多受訪者都表示，出差的時候，他們的起床時間多半是看出差原因來決定。事實上也應該這樣沒錯，特別是當你只出差一、兩天，而且這趟旅程對於你的公司或個人事業來說非常重要的時候。在這種情況下，請利用這段時間盡可能努力工作，除了睡覺之外在所不惜。

至於純粹觀光旅遊，就隨遇而安吧。度假時盡量不要浪費時間在手機、電腦等電子產品上；如果是拜訪家族成員（特別是那些不常見到的親友），請盡情享受與他們共處的時光，不要因為暫停實行晨間習慣而心煩意亂，破壞了美好的假期。

第十章
適應與調整

擁抱失敗，適應不完美的環境

喔，我把自己的晨間習慣脫了，只留最基本的就好

早晨時光很少會像我們希望的那樣順利美好。面對那些打亂晨間習慣的干擾，我們回應的方式往往比干擾本身還要重要。如果早上有伴侶、家人或室友要應付的話，你可能必須為了顧全大局而放棄一些「要是有的話就好了」的習慣。敞開心胸接納習慣之外的「意外」對完美主義者來說可能格外困難，因此本章要試著一點一點地削弱這樣的念頭。

「故態復萌，再也回不去了」是許多人之所以放棄晨間習慣最常見的原因。不時想改變習慣是很正常（也值得鼓勵）的事，不過這些改變必須出於你的個人意願、符合你的個人原則。若早上發生了什麼非處理不可的意外，一定要好好面對、妥善應付這些突發狀況，以確保接下來一整天無須忍受不必要的煎熬。

這一章我們要看看為什麼歌手與音樂創作人桑妮雅．拉奧一直不斷嘗試、想找出最適合自己的習慣；作家兼部落客里歐．巴伯塔（Leo Babauta）之所以注重習慣彈性與意向性的原因；在倫敦生活的初級醫師（junior doctor，資格約同臺灣的住院醫師）盧瑪娜．拉斯克．達伍德（Rumana Lasker Dawood）是如何受輪班制影響、不得不提高自己的晨間效率，以及其他人的經驗分享。

「可以」和「應該」隨意安排時間完全是兩回事

桑妮雅・拉奧
歌手、音樂創作人

你有哪些晨間習慣?

通常我會在早上八點左右醒來，躺在床上試著回想夢境，思考一下今天要做什麼，然後沐浴更衣。雖然我大多都在家工作，但我還是喜歡起床後立刻梳洗、穿上正裝。

接著我會吃早餐，冥想三十分鐘，再花三十分鐘寫寫隨筆。早上十點，我會查看電子郵件、手機和社群軟體，回覆訊息，接著關掉手機，直到晚上才會開機（如果中間需要打電話，我會暫時開機，打完後再關機）。手機真的會把我逼瘋，只有在手機關機、遠離視線的時候，我才會覺得自己完全活在當下。我知道這樣聽起來很怪，但關機確實會讓我覺得比較輕鬆，心情也會比較愉快。

上午十一點左右，我會做發聲練習開嗓、練小提琴，然後工作幾個小時。這是我一天之中最喜歡的時刻，因為我可以清空思緒、全心全意地專注在音樂上。目前我正在準備巡迴演出，所以特別著重在現場表演的部分。巡迴結束後，我會把這段練習時間拿來創作，寫點新歌。

下午三點是我的午餐時間；下午四點到晚上八點，我會處理身為音樂人要處理的非音樂事務（顯然這類事情還滿多的）。一開始我並沒有意識到原來音樂家也需要具備企業家精神與相關才能；雖然處理這些事要花不少時間，但我很喜歡這種不同類型的創造力。

養成這套習慣多久了？有什麼改變嗎？

好幾年了，內容會視我當下的事業生活與人生階段而有所改變，像是去年我在田納西州的納許維爾錄製唱片，當時的作息就很不一樣。接下來幾個月我會展開巡迴演出，幾乎每天都要開車和表演，所以行程大概就是睡覺、開車、演出三件事不斷重複，可是我真的很想挪出時間到處走走看看，畢竟有很多城市我都沒去過。

我會一直改變模式，嘗試不同的習慣，看看哪一種最適合我。雖然我是自由工作者，嚴格來說可以隨意安排自己的時間，但我發現，與身邊大多數人作息相同是我最快樂且生產力最高的時候。我喜歡在一般人睡覺的時間睡覺，也喜歡像其他人一樣吃週日早午餐。週三中午出門的時候，我會開始胡思亂想「我的生活方式是不是錯了？為什麼現在超市裡只有我一個人？」等諸如此類的東西，然後開始質疑自己的人生選擇。為了避免這種自我質疑的危機，大多時候我都會努力堅持「正常」作息。之前我在顧問公司工作，後來辭職、全職投入音樂創作，我以為我會變成那種完全沒計畫、只有靈感一來才會稍微安排一下行程的人。不過我很喜歡每天固定寫寫東西、練練樂器，我覺得這不但能提升我的創造力和生產力，也是讓我不斷前進的動力。我很喜歡每天坐在鋼琴前創作，不管當下到底想不想，我都會這麼做。對我來說，這是最棒的身心療法。通常坐下來後寫的前一、兩首歌都很爛，我會把那些作品扔掉，但第三首就會留著。這讓我想起為什麼「坐在椅子上」（butt-in-chair）這個創作訓練法有效，如此不斷循環下去。

你都幾點上床睡覺？

除非有表演，不然一般都是晚上十一點半到十二點之間就寢。有表演的時候，我會緊張到無法立刻睡著，所以會比較晚睡。我喜歡在睡前看一下書，只要把心思放在別的故事上，我就會比較容易進入夢鄉，否則真的很難入睡。

你是靠鬧鐘起床的嗎？

對啊。如果睡滿八小時，我就不會按貪睡鍵，不然大多都會按一、兩次。躺回去睡的感覺真的好到我非睡不可。

不過，巡迴演出時我不會設鬧鐘，因為這段日子需要不斷開車和唱歌，因此我會讓身體多休息、睡到自然醒。在巡迴時保持身體健康、心情愉快對我來說非常重要，我想好好享受這趟旅程，而不是掙扎著硬撐過去。

你有晨間運動的習慣嗎？

沒有。我一直很想當個早起運動的人，但完全沒辦法，我討厭早起運動。之前我上過一次晨間飛輪課，結果真的很慘，眼前有個超熱情又活力四射的傢伙一直叫你騎快一點……早上七點耶！總之就是很糟啦。後來我就沒去上了。

你早上起床後會先喝什麼？在什麼時候喝？

我會先喝一杯水，然後再喝一杯香料奶茶。我一天大概會喝三杯香料奶茶，如果當天有寫歌的話會喝更多。沒有香料奶茶的話，我會用低咖啡因的茶代替。

你可以分享一下你在巡迴演出時的習慣嗎？

我喜歡穩定、踏實的感覺，但身為音樂人，我必須經常旅行，生活中也充滿許多不可預測性，我想這就是我打造出一套家中習慣的原因，讓自己在家時能保有一點節奏和規律感。

接下來幾個月的巡迴演出雖然要四處奔走、造訪三十四座城市，但我還是希望能有點穩定的感覺，所以我每天早上一定會做兩件事：寫寫東西、練習冥想。至於其他就看情況吧，反正演出已經安排好了，我想利用剩下的時間好好探索當地，寫幾首新歌。

首要任務是要保護心智空間免受外界侵擾

奧斯汀・克隆（Austin Kleon）
《點子都是偷來的》（*Steal Like an Artist*）作者

你有哪些晨間習慣？

晨間習慣

- 咖啡加早餐
- 跟我太太（還有狗狗和坐在嬰兒車裡的孩子）一起散步大約五公里
- 洗澡
- 冥想
- 寫作／寫詩
- 看電子郵件、推特等

MORNING ROUTINE
COFFEE + BREAKFAST
3 MILE WALK WITH WIFE (AND DOG & KID IN STROLLER)
SHOWER
MEDITATE
WRITE / MAKE POEM
EMAIL, TWITTER, ETC.

養成這套習慣多久了？有什麼改變嗎？

從我大兒子出生後一直到現在。除了在家工作，這也是一份不太像工作的工作，真是奢侈的享受：我們可以放慢步調、從容醒來，悠閒地展開一天的生活，不用慌慌張張地衝上車前往某個地方。我們很早起床，所以我坐在書桌前開始工作的時間其實跟我之前在公司的上班時間差不多。

起床後大約多久才吃早餐？

我都起床後馬上吃。通常會吃一些蛋或花生醬吐司配果昔；要是那天想放縱一下的話，就會吃早餐塔可。

你有晨間運動的習慣嗎？

幾乎每天早上，無論晴雨，我和我太太都會用家裡的紅色雙人嬰兒車（我們都叫它「戰車」）推著兩個兒子一起在社區附近散步，大約走五公里左右。通常滿痛苦的，有時又很棒，不管怎樣，這趟晨間散步都是我們生活中至關重要、不可或缺的一環。對我們來說，這是靈光乍現、點子不斷的時刻；是制定計畫的時刻；是觀察與欣賞郊區野生動植物的時刻；是沒完沒了地大聲抱怨、怒罵政治的時刻；也是驅逐內在心魔的時刻。

我們幾乎每天都會散步。我認為這是我一天之中最重要的時段。我不會安排晨間會議、去什麼早餐聚會之類的，因為我不想錯過全家人一起散步的時光。

你早上最重要的任務是什麼？

我早上最重要的任務是努力保護心智空間免受外界侵擾、與自己的思緒獨處，這樣我才能好好坐下來創作。

你早上起床後會先喝什麼？在什麼時候喝？

我大舅子毀了我的人生，因為他讓我知道什麼才是好咖啡，又該怎麼煮出好咖啡。我的咖啡儀式是：用咖啡壺煮水，磨豆子，洗濾杯，然後慢慢煮。

要是你沒有確切實行這套習慣呢？

我會努力原諒自己，繼續前進（日升又日落，明天又是新的一天，永遠都有機會）。習慣其中一個特質，就是沒遵循習慣的那一天，可能會變成你這輩子最有趣的一天。那些堅持習慣的日子讓打破習慣的日子變得更加甜美（就像在無糖飲食減肥期間吃甜甜圈一樣），前提是你至少要先有一套習慣才行。

瘋狂的工作帶來了意外的好處與人生妙方，讓你能從容應變晨間習慣的難題

盧瑪娜・拉斯克・達伍德
初級醫師、裁縫師

你有哪些晨間習慣？

第一個鬧鐘是為了晨禱設的，每年這個時候的晨禱時間大約是凌晨三點。鬧鐘一響，我就得快速起床，以免自己按貪睡鍵，不然我一定會睡過頭。一般我們都是在黑暗中禱告，禱告時有光線干擾是很惱人的事。晨禱的時間大約是十分鐘，禱告完後，我們會爬回床上呼呼大睡。

我的主鬧鐘設在早上六點二十分，但我大概會按兩次貪睡鍵（如果我已經想好要穿什麼的話就會按三次）才起床，接著就是一連串「衝衝衝」：刷牙、洗澡、洗臉、飛快燙一下衣服，然後換上穆斯林服飾和頭巾（hijab）。我不太清楚做這些事要多久，只能簡單判斷一下自己還有沒有時間吃碗什錦穀片。早餐時間是我的寧靜時刻，我會坐下來一邊吃，一邊用手機快速瀏覽重要新聞，然後匆匆忙忙地出門上班。

養成這套習慣多久了？有什麼改變嗎？

我是醫生，這表示我的值班時間每天都不一樣，再加上每六個月就要輪調病房／專科，所以我的日常習慣總是有些微小的差異。

過去幾年，我試著簡化晨間習慣、提高效率，而穿戴穆斯林服飾和頭巾也讓我省下不少晨間時光，再也不用花時間在鏡子前梳頭髮的感覺真好！我開始把這些時間拿來睡覺，因為要是我晚上沒好好休息，隔天的狀態就會很糟。

你有晨間運動的習慣嗎？

如果當天輪班的時間比較晚，我就會盡量改在早上運動，可是這樣我在值班時會覺得整個人筋疲力盡，體內的能量消耗得好快，完全撐不下去，所以最後我還是恢復原來的習慣，晚上再運動。

你的伴侶會怎麼配合、融入你的晨間習慣？

我先生也是醫生，情況會隨他的班表而有所改變。通常我們其中一個人會比另外一個早起很多，所以不會干擾到彼此的作息。

要是你沒有確切實行這套習慣呢？

我是百分之百的「習慣人」，只要出了什麼差錯，我就會受到很大的影響，覺得緊張不安，甚至慌了手腳；但醫生這個職業讓我學到了一件事，就是無時無刻都要準備好面對突發狀況、隨機應變，所以只要一上工，我就會完全投入，回歸正常的節奏。

喜歡早晨通勤所培養出來的心智空間

丹尼爾・伊登（Daniel Eden）
臉書產品設計師

你有哪些晨間習慣？

我會設鬧鐘，每天早上六點半起床。我把手機放在臥室另一端好強迫自己離開床鋪，但這沒什麼用，因為起床後大概二十秒，我就會拿著手機爬回床上，睡眼惺忪地查看電子信箱和社群軟體，大概滑個半小時左右，接著我會去洗澡、換衣服，打開筆記型電腦，把郵件和訊息分類，直到該出門搭接駁車去臉書園區為止。

接駁車程大約是一個小時，通常我在車上不是進行藝術創作、閱讀，就是望著窗外的景色。很多人都很討厭通勤，或是覺得幹嘛要通勤，但通勤能培養、促使心智空間成長，我覺得這樣很好。

星期三的習慣有點不一樣。通常星期三我都會在家工作，起床的時間不變，只是我不會去位於門洛公園（Menlo Park）的臉書總部，而是在附近的街區散散步，幫自己和女友買咖啡和早餐，然後走回公寓，一邊聽音樂（會放滿大聲的），一邊專心地投入策略性工作。由於目前正在執行的計畫需要很多新奇的點子和創意，因此有時我會試著把週三的晨間生活本質與習慣精髓注入其他工作日。

你都幾點上床睡覺？

我盡量讓自己在晚上十點半就寢。最近我把家裡的燈都換成智慧型，設定成晚上十點到十點半這段時間，光線會漸漸變暗，最後自動關閉，我覺得這超棒的，只要發現自己在一片漆黑中滑手機，就知道該上床睡覺了。

睡前會做些什麼，好讓隔天早上能輕鬆一點？

最近我開始在睡前洗澡，我覺得這樣比較清爽、比較舒服。我不知道這對晨間習慣有沒有幫助，但乾淨又清爽的感覺確實能讓我快速入眠。

你的伴侶會怎麼配合、融入你的晨間習慣？

我女友比我還注重晨間生活，會在凌晨五點半這種早到不行的時間起床，然後出門去梅里特湖（Lake Merritt）畔晨跑，那時我都還在睡哩。這的確影響到我，讓我變得更像晨型人了。我們倆都很喜歡早睡休息、早起做事。

在工作與玩樂之間取得細膩的平衡並不容易

尤蘭達・康尼爾斯
聯想集團多元化長

你有哪些晨間習慣？

我的晨間習慣滿平衡的，有一定的秩序框架，也有一定的彈性空間。身為一個全球企業集團主管，我必須經常遠端工作，例如早上七點與亞洲區同仁進行電話聯繫等，所以通常我都早上六點半起床。起床後我會立刻抓一把早餐點心，並在七點到十點這段時間邊吃早餐，邊透過電話處理公務、回覆電子郵件。

上午十點是我的休息與運動時間，我一定會在行事曆上安排這個行程，沒有例外。我很喜歡在住家附近健行，接近大自然讓我有種踏實又活力充沛的感覺。我一週健行三次，加上週末就是四次。事實上，我先生已經退休了，所以他現在也很常和我一起去健行；平常我們都忙著在家庭和工作之間取得平衡，藉著這個機會，我們可以彼此溝通、建立情感連結，好好地陪伴對方。獨自一人健行的時候，我會聽各種類型的音樂，像是火星人布魯諾（Bruno Mars）、碧昂絲（Beyoncé）和馬文・

蓋伊（Marvin Gaye）等，什麼都聽。

養成這套習慣多久了？有什麼改變嗎？

十年前我加入聯想集團，以遠端模式上班。一開始我花了不少心力調整，讓自己從傳統的辦公室環境跳脫出來，適應在外辦公的情況。我日以繼夜不停工作，部分原因在於我是新進員工，需要多方學習，另一部分是因為我不知道該怎麼安排時間，取得生活上的平衡。我之前從來沒有遠端工作過，我花了好幾年才找到適當的方式，讓自己既能保有個人時間，又不會產生罪惡感。我犧牲週末和私生活到世界各地出差旅行，我必須擁有足夠的理解和覺知，明白自己應該、也值得把這些時間拿回來。雖然有時情況不太理想，但只要一回到家我就釋懷了，能有點時間和自己與家人相處就夠了。

遠端工作充滿挑戰性，因為永遠沒有真正下班的時候。我必須有意識地決定、要求自己休息，處理個人生活中需要處理的私事，同時掌控情緒，不要因為自己挪出一個小時出去走走、看兒子參加田徑賽而感到內疚。只要擁有鬆散的日常框架、排出工作與家庭事務的優先順序、保持彈性，我就能有效地在各種需求中取得平衡。

你有晨間冥想的習慣嗎？

我不會做那種很正式的冥想，但我會一邊健行、一邊禱告。健行是我用來舒緩壓力的方式。沉浸在大自然裡不僅能鼓舞人心、啟發靈感，也提醒了我，這個世界比我還要大、還要遼闊，天地萬有，都是神創造出來的。

想過什麼樣的人生，就過什麼樣的早晨

里歐・巴伯塔
知名部落格「禪宗習慣」（Zen Habit）作者

你有哪些晨間習慣？

我不再遵循固定的習慣了。最近我只做三件事，就是努力讓早上這段時間（一）具有意向性；（二）專注在重要工作上；（三）保持彈性。我會冥想、喝咖啡和寫作，有時也會閱讀、做瑜伽，和我太太一起共度晨間時光。一般來說，我會盡量在早上六點半起床，但有時會睡到七點甚至更晚，端看我前一天晚上幾點睡覺而定。

養成這套習慣多久了？有什麼改變嗎？

到目前為止，我實行這套充滿彈性與意向性的「沒有習慣的習慣」已經有好幾年了，只是有些不同的版本，老實說應該是經常變來變去啦。以前我的晨間習慣比較死板，而且大多專注在生產力的部分；現在我比較注重正念練習，不再那麼拘泥形式，所以每天的生活都不一樣，我也盡量不讓自己因為這些變異而煩心。

你可以詳述一下你的晨間冥想習慣嗎？

通常我早上起床後的第一件事就是冥想。我的冥想形式比較偏向禪宗風格，也就是從呼吸冥想開始，接著進行無對境禪修（objectless meditation／shikantaza，只管打坐）。對我來說，保持簡單就好。

你的伴侶會怎麼配合、融入你的晨間習慣？

我和我太太經常在早上一起看書、喝咖啡。我們倆會給彼此空間，讓對方擁有自己的習慣。

要是你沒有確切實行這套習慣呢？

我沒有固定的習慣，所以也不會有什麼「沒有確切實行」的狀況。不過有時生活的確會因為各式各樣的原因而脫序。一旦發生這種情況，我會隨時保持正念、省視內心，提醒自己記住那些真正重要的事。

還有什麼想補充的嗎？

我希望自己能過一個富有正念、彈性和同情心的人生（因為我在這三件事上做得不盡完美），所以我努力用同樣的方式和目標來安排我的晨間生活。

提醒自己，有時只要起床就是一場勝利

安娜・瑪麗・考克斯
政論專欄作家、文化評論家

你有哪些晨間習慣？

我一直都很想早起，但最後大多都睡到早上七點到七點半左右。起床後我會禱告、設定當天的目標，如果有時間，我會冥想五分鐘、寫寫東西。狀況理想的話，我會等到冥想完才看手機，確認沒有東西爆炸（字面上和比喻上的意思都是）。若一切相對來說還算正常，我就會去煮咖啡（煮咖啡本身就是一種儀式），然後花二十到三十分鐘的時間閱讀紙本讀物；要是情況不對，例如發生了什麼大事或重大新聞，我就會打開電視，開始追蹤網路上的報導和消息。反正那天一定會被這些事情淹沒，不如早點開始處理、掌握相關資訊。

睡前會做些什麼，好讓隔天早上能輕鬆一點？

我會在睡前禱告，提醒自己當天的初衷和目標。另外，我也會把隔天早上要用的筆和日記本拿出來擺好。

你的伴侶會怎麼配合、融入你的晨間習慣？

哈！我先生會睡得比我晚一點，如果我在冥想或寫作的話，我會叫他不要來煩我。原則就是：「戴上耳機」等於「請勿打擾」。假如他在我進行晨間閱讀時起床，我們可能會打開電視一起喝咖啡、看新聞。

還有什麼想補充的嗎？

每次只要讀到別人像這樣約略描述自己的習慣，我都會拿來比較，發現我的習慣相較之下總是缺乏紀律，於是我開始用一大堆有的沒的理由來責怪自己——喔，他跑了兩公里！他讀完《紐約時報》頭版！他把所有電子郵件全都處理完！我希望正在看這本書的你要知道，所有事情都是「沒有最好，只有更好」。我不時需要對抗憂鬱，在那些情緒負面又沮喪的時刻，必須不斷提醒自己，有時只要起床就是一場勝利。我們每天能完成的事都不一樣，重要的是要認識並尊重自己的能力，不妨為了當天能成功做到的事鼓勵自己、小小慶祝一下吧。

當你計畫要養成一套晨間習慣時，要明白這麼做是為了你自己好，不是為了達到某個陌生人對生產力的標準。這也是為什麼禱告對我來說非常重要，大概是除了喝咖啡外唯一一個我從不漏掉的習慣。禱告能提醒我，無論我怎麼安排生活，今天都是一份禮物，一份再度醒來、有機會成為自己命定的模樣的禮物；要達到這些目標，不一定要在早餐前跑兩公里，或是把酪梨吐司拍下來發到Instagram上。

換你做做看

「堅守習慣蘊含著極大的力量，但能在事情不如人願時有所調整、適應當下情境的力量更強。習慣能協助我們臻至生產力顛峰，改變則能幫助我們拓展自己的舒適圈。兩者都有好處。」

——泰芮．史奈德，耐力型運動選手

敞開心胸接納晨間習慣之外的「意外」，就是對當前失序的情況採取無視的態度，同時內心深處明白自己依然有能力掌控局勢、順利地往前走。

重要的是，不要把這些意外視為失敗的象徵，同時要記住，習慣只是達成目標的方法，而非目標本身。如果你讓這些充滿挫敗感的負面思維滲透日常習慣，影響到剩下的早晨時光、甚至是接下來一整天的生活，那你的習慣打從一開始就沒有盡到應盡的責任、發揮應有的功效。

「以前我會因為沒有確切實行習慣而產生負面心態，影響到一整天的生活。現在我把人生視為一種持續變動的習慣，其中唯一不變的就是不斷改變。如果失敗了，我知道自己必須挪除

一、兩層習慣，回到最關鍵的四大基礎：優質睡眠、用心、運動和多喝水。」

——約爾・加斯奎（Joel Gascoigne），軟體公司 Buffer 執行長

當你接納這些不完美、不理想的狀態，並調整自己以適應當下環境，你就是在為晨間習慣打預防針，這樣下次發生同樣的情況時，習慣本身不但不會失控、脫離常軌，反而還會越來越強壯。我們在訪問史丹利・麥克里斯托將軍時，有問到他的晨間習慣中有沒有什麼限制性因素，他說通常是他無法掌控的事，例如客戶想安排清晨的早餐會議等，在這種情況下，他會選擇早點起床，好在會議開始前實行自己的習慣，亦即為了完成習慣而調整習慣時間。雖然不是最理想的模式，但至少他守住了晨間習慣，也順利調整、適應突如其來的改變。

不要讓壓力打亂了你的晨間習慣，而是要學習如何面對、接受習慣之外的意外：

若晨間習慣感覺快要崩潰瓦解，守住一、兩項重要的事就好

有時生活難免會脫序，導致習慣感覺好像快要失控、分崩離析，而且原因並不在你，這種情況會帶來很大的壓力與挫敗感；假如發生這種事，請勇敢面對現實，並堅守著完成一、兩項重要的晨間習慣，也許是運動、冥想，或是在出門前坐下來陪孩子五分鐘。一旦意識到自己開始脫離常軌，就要立刻制定計畫、確切執行，同時重新整合、掌控局勢，不要讓早上亂成一團，徹底崩壞。

「不是每件事情都會按計畫走，就算沒按計畫走也不是什麼世界末日。如果平常的習慣出了什麼意外、脫離正軌的話，我會盡量完成最重要的任務，其他雜事暫時放在一邊。只要排出優先順序，一切就會沒事了。」

——凱特．諾恩（Cat Noone），收益循環管理公司 Iris Health 執行長

除此之外，若你覺得自己快要失序，縮短習慣時間也是個不錯且容易上手的方式。比方說，你可以做些輕緩的瑜伽伸展，不用完成整套健身鍛鍊；若是沒辦法像平常一樣冥想十分鐘，那就縮短時間，冥想五分鐘就好。其他像是暫時出門透透氣、散步、站起來舒展四肢、上下跳躍和深呼吸也都能幫助你重回正軌。

失敗可能是習慣必須改變的徵兆

如果你發現自己一直無法確切實行某個習慣或生活環節，就表示這個特定行為活動可能需要調整、改變，或是徹底刪除。

作家兼設計師派翠克．瓦德（Patrick Ward）在訪談過程中告訴我們：「通常只要我開始出現失誤，無法確切實行某個特定習慣，就表示我需要做點改變。世界上沒有什麼永遠適用的習慣，因此我會隨時留意，看看有什麼方法能提升效率，改善目前的習慣。」

請先找出哪裡出了差錯（無法確切實行的部分），並了解出錯背後的原因，然後從這方面著手。

你可能會發現有些因素與習慣本身完全無關，也許你最近特別累，也許你不再投入心力進行這項活動，或是你單純不再享受那個生活環節，如果是這樣，請徹底放手，刪掉這個習慣吧。

無論情況如何都要勇敢迎接挑戰，堅持下去

另一方面，有時你不應該太早放棄那些習慣，向失敗低頭。

作家與長泳選手莎拉·凱瑟琳·貝克在訪談時回憶道：「我記得是大學發生的事，當時我有一場非常重要的游泳比賽，出於我無法控制的原因，比賽前一晚我完全沒睡，因為芝加哥游泳池裡的成分導致我體內化學物質失衡，引發嚴重氣喘，折騰了一整夜。隔天早上我一臉憔悴地跟教練說：『我真的很不舒服。』他要我先躺三十分鐘，想像一下自己已經好好休息過了，而且是這輩子最棒的休息，還有那天是奪冠的一天；想完後再回來。」

「回到場邊後，教練跟我說：『重點來了，如果狀態好，你就能風靡全場、贏得比賽，但在狀態不好、甚至筋疲力盡時奪冠是更大的挑戰。無論情況如何，你都要站出去奮力一搏。』」他讓我知道，沒有人能永遠保持完美狀態，事情也不可能盡如人意，就算你覺得當前的情況不理想，還是能繼續前進，創造出了不起的成果。我們經常太執著於習慣本身，以致忘了就算事情亂了套，我們還是能有很棒的表現。」

如果某些特定的習慣真的不適合你，那你應該有所調整或乾脆刪除這個習慣；不過，若是你身處困境，則可以把這當成一個挺身面對、迎接挑戰的機會。

伴侶之間，妥協是重要的關鍵

如果你和伴侶都想擁有美好的晨間時光，那在你的習慣與對方的習慣間取得平衡、維持和諧是非常重要的關鍵，特別是當你們倆的作息與睡眠時間不一致的時候。在婚姻或伴侶關係中，兩人的睡覺時間不同是很常見的情況，雖然妥協不是件簡單的事（而且最後總是會導致你們倆在白天某個時間點開始想睡），但能多花點時間和伴侶相處比什麼都值得。

史蒂芬．海勒說，他的早晨就像卡通一樣：「我和我太太會走不同的方向，一個走這邊，一個走那邊，最後在廚房會合。」如果你比較早起床，可以考慮等對方醒來後（當然，假如你的行程方便的話）一起吃早餐、一起出門散散步，或是一起運動。

記住，明天又是新的一天

如果你今天沒有確切實行晨間習慣，沒關係，明天又是新的一天。

作家與演講者克莉絲朵．潘恩（Crystal Paine）就說：「我是有選擇的。我可以選擇拿沒有確切實行日常習慣這件事來懲罰自己、責怪自己，或是選擇原諒自己。我正在練習原諒自己，因為人生難免有些不如意，如果沒有按照自己的計畫或期望完成每一件事，那也沒關係。一旦發生了，我只會努力提醒自己，做能做的就好。」

反向操作

關於這點，有個非常明顯的反向操作手法：要是沒有敞開心胸接納習慣外的意外，而是主動尋求、製造意外呢？或是，至少在意外發生時立刻出手、掌控局勢？

曼紐爾．利馬說：「習慣就跟所有規則一樣，可以讓我們有種持續、穩定的感覺，但有時打破習慣是一種徹底的解放。成為單一習慣的奴隸不但會阻礙個人率性的自發行為，也會抹煞探索未知的機會。」

每天都做一樣的事（甚至習慣到變成乏味的例行公事）會不會覺得無聊？如果出現這種情況，可以考慮創造、培養一些不同的習慣，讓自己每天早上都有不一樣的選擇。重點是不要讓生活變得太死板。三不五時調整一下、加點變化，享受多元的樂趣吧。

結　論

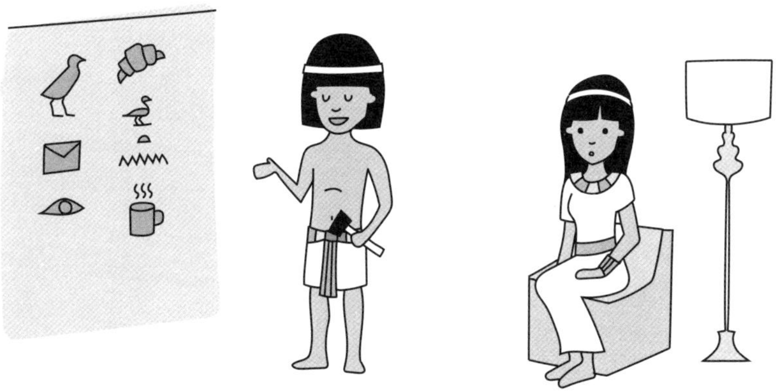

我正在把心目中理想的晨間習慣寫下來

若你想採用本書的建議、效仿受訪者的習慣或從中汲取靈感，記住，一定要給自己一點時間實驗看看。請先找出自己感興趣的方法和內容，接著實驗、調整，再實驗、再調整，並看著自己愛上那些從來沒想過會嘗試的新事物。

就和所有新技巧一樣，你需要花點時間才能完全掌握自己的晨間習慣。請先複習一下你在閱讀本書時所做的筆記或畫的重點，接著完成下列五項簡單的步驟：

1. 把新習慣寫下來，盡量描述得具體一點（例如「去浴室」就很具體了，不用再加別的細節）。
2. 利用「起床」作為展開晨間習慣的觸發點，而習慣中每一個子元素都會提醒你進入下一個主元素。
3. 從小地方開始（運動五分鐘聽起來比鍛鍊半小時容易得多，也沒那麼令人卻步）。
4. 完成最困難的習慣後，給自己一點小獎勵。
5. 每個加進晨間習慣的新元素都要經過足夠的時間實驗。面對新的事物時，不能只試個幾天就放棄。雖然各方對於「要多久才能養成一個習慣」的看法眾說紛紜，但我們建議你至少要給每個新元素一到兩週的試驗期，觀察一下效果與自我感受。

請用書中的成功與失敗案例作為強心針，鼓起勇氣跨出第一步。每個接受訪談的受訪者都很誠實，也坦然接受什麼適合他們、什麼不適合他們，他們就跟你一樣一路摸索、嘗試了很多東西，最後終於找到屬於自己的生活模式；而他們也像我們一樣不斷微調和改變，努力讓自身習慣趨於完善，以達到最大、最好的成效。

千萬不要覺得自己得在一夕之間一口氣改變所有晨間習慣，這只會讓你在還沒開始之前就宣告失敗，所有努力毀於一旦。一次增加或刪除一個新習慣就好。假裝自己是個討厭改變的一歲小孩，溫柔地對待自己，別太苛求了。

記住，你在養成與實行新習慣的過程中會遇到許多阻礙，其中最大、最危險的誘惑就是「懶惰」。別讓舊習慣趁虛而入，讓自己故態復萌。每個曾經試圖改變自我和生活的人都會遇到同樣的困境，而突破這些困境的唯一方法，就是勇敢面對、保持彈性，不要把單一失誤（例如今天少做了哪些事）當成退步的象徵、陷入挫敗的牢籠，要把眼光放遠一點，明天再重新開始就好了。

除此之外，你也要保持、展現出「負責」的態度，不只是要為晨間習慣負責，也是要為你自己負責。你一開始想改善晨間習慣的初衷是什麼？你期待從中得到什麼？長期堅持與實踐晨間習慣的能力需要長時間培養，過程也困難重重，但每個人都有對自己負責的能力，我們鼓勵你好好運用這項特質。

請相信這個過程，也就是「一而再、再而三地重複做同樣的事」。雖然很無趣，但非常實在，更是改變人生的關鍵。

數據分析

如果你好奇的話，以下是我們從超過三百位受訪者（女性占百分之五十三、男性占百分之四十七）身上所取得的數據分析。

平均睡眠時間	七小時又二十九分鐘
平均起床時間	早上六點二十四分
平均就寢時間	晚上十點五十七分

有些受訪者凌晨三點就起床了，有些則會睡到超過九點。其中有百分之九十七的人大概八點半左右起床。

百分之七十	使用鬧鐘
百分之三十三	使用貪睡模式
百分之三十九	週末時也會實行同一套習慣

百分之五十六	無論在哪裡都能有效堅持自身習慣

受訪者中有百分之三十八的人一天睡八個小時，百分之三十五的人睡七個小時，百分之十四的人只睡六個小時。

百分之五十四	冥想
百分之七十八	運動
百分之四十八	起床後立刻查看電子郵件
百分之六十	起床後立刻查看手機

至於早餐的部分，有超過一半（百分之五十三）的受訪者都吃水果，其他像是雞蛋（百分之四十）、燕麥片（百分之三十三）、吐司及麵包類（百分之三十二）和果昔（百分之二十一）也都是很受歡迎的早餐選擇。此外，百分之五十七的受訪者會在一大早起床後空腹喝水，或是咖啡（百分之二十九）和茶（百分之八）。

致謝

感謝所有接受本書訪談的受訪者，謝謝你們的寶貴時間，也謝謝你們願意和我們分享有關早晨私密時光的小細節。感謝所有我們在書中引用其文句或話語的人，以及過去五年來接受我們網站訪談的人。要是沒有你們，這本書就無法幻化為可能。

由衷感謝企鵝出版集團（Portfolio/Penguin）編輯莉亞・楚伯斯特（Leah Trouwborst），謝謝你相信這本書是一種想法與觀點，也謝謝你跟我們合作了快兩年，將這本書付諸實現。如果沒有你，就不會有這本書。謝謝 Portfolio 出版社的海倫・希利（Helen Healey）、艾莉・漢考克（Aly Hancock）、蕾貝卡・修恩索（Rebecca Shoenthal）、泰勒・愛德華茲（Tyler Edwards）、瑪格・史塔瑪斯（Margot Stamas）、威爾・威瑟（Will Weisser）、妮琪・帕帕多普洛斯（Niki Papadopoulus）和布莉亞・桑德福（Bria Sandford），謝謝他們的努力與付出，也謝謝他們對這本書堅定不移的信念。另外，我們要向亞卓安・薩克海姆（Adrian Zackheim）獻上最真摯的感謝，謝謝你給了我們這個機會。

感謝我們的經紀人提姆・沃查克（Tim Wojcik），謝謝你早在我們企圖潤飾本書開場白的前一年就幫我們寫好了（而且寫得太好，難以突破的那種好）；也謝謝文稿編輯珍・卡沃琳娜（Jane

Cavolina）、英國版編輯莉蒂雅・亞迪（Lydia Yadi）以及我們的網站編輯蜜雪兒・波茲（Michele Boltz）。特別感謝麗茲・佛斯林（Liz Fosslien）替這本書畫了超棒的插圖，也謝謝班傑明的太太奧德拉・馬汀・史鮑（Audra Martyn Spall），感謝你在過程中為書稿提供詳盡的意見，幸虧有你的細心與深刻的見解，這本書才能大幅改善、越變越好，為此我們萬分感激。

最後，我們要謝謝過去五年來一路陪伴我們、跟隨我們、閱讀訪談文章及透過各種形式參與交流對話、付出心力的人。這本書獻給你們。

參考書目

- 馬可·奧理略（Marcus Aurelius），《沉思錄》（*Meditations: A New Translation*）
- 梅森·柯瑞（Mason Currey），《創作者的日常生活》（*Daily Rituals: How Artists Work*）
- 班傑明·富蘭克林（Benjamin Franklin），《富蘭克林自傳》（*Autobiography*）
- 查爾斯·杜希格（Charles Duhigg），《為什麼我們這樣生活，那樣工作？》（*The Power of Habit*）
- 萊恩·霍利得（Ryan Holiday），《障礙就是道路》（*The Obstacle Is the Way*）
- 卡洛琳·韋伯（Caroline Webb），《如何擁有美好的一天》（*How to Have a Good Day*，暫譯）
- 卡爾·紐波特（Cal Newport），《Deep Work深度工作力》（*Deep Work*）
- 塞內卡（Seneca），《來自一個斯多噶哲學家的信》（*Letters from a Stoic*，暫譯）
- 丹·哈里斯（Dan Harris），《快樂，多10%就足夠》（*10% Happier*）
- 赫曼·赫塞（Hermann Hesse），《流浪者之歌》（*Siddhartha*）
- 尤伽南達（Paramahansa Yogananda），《一個瑜伽行者的自傳》（*Autobiography of a Yogi*）
- 雅莉安娜·赫芬頓（Arianna Huffington），《從容的力量》（*Thrive*）
- 亨利·大衛·梭羅（Henry David Thoreau），《湖濱散記》（*Walden*）
- 提摩西·費里斯（Timothy Ferriss），《人生勝利聖經》（*Tools of Titans*）
- 安·拉莫特（Anne Lamott），《寫作課：一隻鳥接著一隻鳥寫就對了！》（*Bird by Bird*）
- 茱莉亞·卡麥隆（Julia Cameron），《創作，是心靈療癒的旅程》（*The Artist's Way*）
- 詹姆士·艾倫（James Allen），《意念的力量》（*As a Man Thinketh*）